うちで食べる
台湾式ごはん

輕鬆做好台灣料理

内田真美

マイナビ

はじめに

街中にある、赤いお寺。叔母が嫁いだ家の近くに赤いお寺があって、よく遊びに連れていってもらいました。お盆には、街中やお墓で爆竹が鳴り響いていましたし、夏に親族が集まると、中国花火をするのがならわし。秋のお祭りには、大きな龍が舞い踊ります。

長崎に生まれ育った私にとって、中華圏の文化は、ごく自然に身近にありました。市内には小さな中華街もあり、中華菓子を食べるのもめずらしいことではありません。家族で外食となると、必ず中華料理が候補の筆頭に挙がり、記念日や親族の集まりなどは特にそうで、個室の座敷でクルクルまわる円卓を大勢で囲んで食事をすることを、当たり前のこととして育ちました。ちなみに、叔父と叔母の結婚式も中華料理での披露宴で、高校の修学旅行は北京でした。

そんな下地があり、出会うべくして出会ったのかもしれません。

ある日台湾のお茶に触れる機会があり、同じような時期に、台湾に関する一冊の本にめぐり会いました。

台湾茶の香りと味に驚き、心酔し、茶藝館の佇まいや茶藝の道具たちの配列や作法に心が躍り、それがもたらす、おだやかで大らかなときの過ごし方に魅了されました。そして台湾の食を紹介している本によって、興味はつのり、自分の中の空想と妄想は、どんどんと大きくなっていきました。その後初めて訪れた台湾は、私のかなり強い思い込みをこわすことなく、食は興味深く美味で、人々は大らかでやさしく、思っていた以上に素晴らしい土地でした。

それ以来、今まで食べていた中華料理とは違う、「台湾の味わいを、わが家でも」と、料理を少しずつ作るようになりました。台湾の食材を使うこともありますが、なるべくいつもの調味料や食材で、私が感じた台湾料理の空気が漂うもの

を作ってきました。ですからこの本は、台湾にそのままある料理ばかりというわけではありません。台湾に実際にある料理も、日本の台所で、「こんなふうだったな、あんな感じだったな」と思い返しながら作ったものですし、台湾にはそんな料理はなく、「台湾料理はこういう輪郭で、組み合わせるとしたら、こういう方向に向かうんじゃないかな？」と、勝手に想像して作った料理も多くあります。そして先に謝っておきますが、私は酸っぱいものが大好きです。なので、酢を使った料理が、割合としてはおかしいくらいに出てきます。同じような酢好きの人に、「届くといいな」と思っています。

私の家族の好きな食事が、「ごはんありき！」という感じなので、白いお米に合うおかずを多く作ってきました。台湾の料理たちは白いごはんにぴったりで（お酒にもぴったりなのですよ！）、和食に少しプラスするのにも、何の違和感もなくなじんでくれると思います。娘はまだ小さいですが、五香粉の香りを「台湾のにおいがするね〜」と言って、おいしそうに食べてくれます。

日本にある台湾料理屋さんに行けば食べられるものもありますが、日本では食べられない、台湾に行くと必ず食べたくなるものも、本に載っています。まるっきり「台湾と同じ！」とは言えないかもしれませんが、何よりも自分で食べたくて作りました。

もし同じように、「台湾のあれが食べたい、これが食べたい」と思っている方の生活に、何品かでも台湾料理が根づけばうれしいですし、まだ台湾に行ったことのない方には、「こんな感じ」とイメージしてもらって、いつか行くかもしれないであろう私の大好きな土地に、少しでも心が動いたならうれしく思います。

まずは、いつものごはんと一緒に食べてみてください。
やさしく、おいしく、食卓に当たり前のような顔をして登場してくれるはずです。

※本書は『うちで食べる台湾式ごはん』（2012年刊）を加筆修正したものです。

もくじ

Part 1
4つの作りおきと調味料

Part 2
野菜のおかず

この本の決まりごと

◎大さじ1は15㎖、小さじ1は5㎖です。g（グラム）表記のものは、電子スケールを使用しています。

◎とうがらしは、乾燥しているものを使用しています。

◎揚げ油の温度の、160～170℃は軽くぬらした菜箸を油の中に入れてかき混ぜ、細かな泡が静かに上がってくる状態、170～180℃はやや大きめの泡が勢いよく上がる状態です。

この本で使う素材と調味料

塩

私はフランスの自然塩を使用しています。ミネラル分を多く含む海水塩は旨味もあり、素材のおいしさを引き立ててくれます。銘柄、土地柄ごとに味わいが違います。ナトリウム分が高い精製塩を使う場合は、本に書かれている分量よりも、少なめにしてください。

黒砂糖・きび砂糖

この本で使っている砂糖2種類です。南方系の料理ですので、砂糖きびから作られる砂糖がぴったり。きび砂糖はおだやかな甘みと風味で、料理に角が立たないまろやかさが特徴。黒砂糖は煮込み料理に使うとコクがあり、風味もしっかりとした感じに仕上がります。

しょうゆ

台湾のしょうゆは少し甘く、手に入りにくいので、日本製のしょうゆを使用しています。すっきりと仕上がりますし、十分においしくできます。私が使っているのはさらりとしたタイプなので、レシピの量が少し多めに感じたときは、加減しながら加えてください。

ごま油・紅花油

この本で「植物油」と書いているものは、紅花油を使っています。やさしい風味で素材の邪魔をせず、体を温める陽の食材でもあり、愛用中。香りをつけたいとき、味のポイントにしたいときには、ごま油を。伝統的な製法の玉締めごま油は、香りもおだやかです。

黒酢

中華圏でよく用いられるもち米が原料のお酢で、「香醋」と呼ばれています。私は火を通して使うのが好きで、炒め物や煮込みにコクを出し、味をまとめてくれます。台湾の黒酢は手に入りにくいので、普段は気軽に購入できる中国の黒酢を使用しています。

紹興酒

主にもち米が主原料の中華圏のお酒。カラメルが加えられているので、特有の香ばしい香りと甘みがあり、煮込み料理などにぴったりです。手元にないときは日本酒で代用しても大丈夫ですが、「台湾風」にしたいなら、1本あると便利です。

五香粉
（ウーシャンフェン）

台湾料理の香りといえばこれ。たいていは5種類のスパイスが調合されていますが、数はメーカーで違います（桂皮／シナモン、丁香／クローブ、花椒／ホワジャオ、小茴／ウイキョウ、八角／スターアニス、陳皮／チンピなど）。初めは少しずつ加えてください。

オイスターソース

牡蠣を主原料とした、比較的新しい中華圏の調味料で、特有の旨味があります。味に深みを与える手助けとして少量加えるようにすると、バランスよく使えます。メーカーによって味、塩分、とろみ（濃度）がかなり違うので、お好みのものを探すのも楽しいです。

香菜

中華圏、南方アジアで幅広く用いられる、香りのよいハーブ。台湾ではいろんな料理に入っていて、台湾らしい味にするのにひと役買ってくれます。苦手な方は省いても結構ですが、好きな方は「これでもか」と言うほど、加えてもいいと思います。

干しえび・干し桜えび

出汁にする干しえびと、風味や食材になる干し桜えび、この本では2種類の干しえびを使っています。台湾は海産物が豊富で、これらが入ることでぐっと台湾っぽさが出ます。どちらも着色料を使用していないものを。酸化しやすいので、冷蔵庫で保存しましょう。

干ししいたけ

台湾でも乾物をよく使い、干ししいたけもそのひとつ。戻し汁を出汁としても使いますし、具材にもよく活用します。国産のもので大丈夫ですが、肉厚で、表面が薄茶色のものを選びましょう。私は九州産の「どんこ」をよく買って、密閉瓶に保存しています。

エシャレット
ベルギーエシャロット
揚げエシャロット
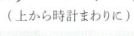
（上から時計まわりに）

ベルギーエシャロットは、台湾料理に欠かせない素材のひとつ。エシャロットを揚げた揚げエシャロットは、中華・台湾食材店で売られています。エシャレットはエシャロットと誤記されることも多いですが別種で、らっきょうに近い味わいです。

Part

1

４つの作りおきと
調味料

「台湾っぽいって、どんな味？」。
そんな疑問を持った方に、まずは気軽に試してほしいのが
こちらの作りおきと調味料。
作りおきは材料を揃えて鍋を火にかけ
とろとろ煮込むだけの失敗知らず。
調味料はすぐに台湾らしさを感じられる味で
いろんな料理に使いまわしができます。
いつもの食事に少しだけ、「台湾風」を取り入れてみてください。

作りおき 1

魯肉風煮豚そぼろ
（ルーロー）

魯肉

材料（作りやすい分量）

豚バラかたまり肉 —— 500g

干ししいたけ —— 3枚

A｜ベルギーエシャロット —— 1個
｜にんにく —— 1片
｜しょうが —— 1片
｜干しえび —— 大さじ1

植物油 —— 大さじ2

水 —— 1ℓ

紹興酒 —— 200㎖

B｜干ししいたけの戻し汁 —— 100㎖
｜しょうゆ —— 大さじ4
｜きび砂糖 —— 大さじ2
｜オイスターソース —— 大さじ1
｜五香粉 —— 小さじ1

作り方

① 豚バラ肉は2〜3㎜のさいの目切りにする。干ししいたけは水で戻し、大きめのさいの目切りにする。エシャロット、にんにく、しょうがはみじん切りにする。

② 鍋に植物油、Aを入れて中火にかけ、香りが立ったら豚バラ肉を入れる。肉全体の色が変わったら、水と紹興酒、干ししいたけを入れ、一度沸騰させてからアクをひく。

③ 弱火にしてBを加える。そのまま小さくふつふつと沸くくらいの弱火にして、アクをひきながら、約2時間煮込む。水分が $\frac{1}{4}$ くらいになり、肉がホロッとしてきたらでき上がり。

※保存容器に入れ、冷蔵庫で約2週間保存可能。

「魯肉」とは、脂身の多い豚肉を細切れにし、しょうゆと酒、砂糖などで煮込んだもの。そぼろと名づけていますが、手切り肉なのであまり細かくありません。アクと一緒に上に浮いている油も取っておくと、味がくどくなりません。ゆで卵を一緒に煮るのもおすすめ。

肉はフードプロセッサーを使わず、手切りで。脂がぬるぬるするので、冷たいうちに切れ味のいい包丁で切ること。

魯肉風煮鶏そぼろ

魯雞肉

材料（作りやすい分量）

鶏もも肉 —— 500g（約2枚）

干ししいたけ —— 3枚

A | ベルギーエシャロット —— 1個
　 | にんにく —— 1片
　 | しょうが —— 1片
　 | 干しえび —— 大さじ1

植物油 —— 大さじ2

水 —— 1ℓ

日本酒 —— 100mℓ

B | 干ししいたけの戻し汁 —— 200mℓ
　 | しょうゆ —— 大さじ3
　 | きび砂糖 —— 大さじ2
　 | オイスターソース —— 大さじ1
　 | 酢 —— 大さじ1
　 | 塩 —— 小さじ1
　 | 五香粉 —— 小さじ $\frac{1}{2}$

作り方

① 鶏もも肉は5mmのさいの目切りにする。干ししいたけは水で戻し、大きめのさいの目切りにする。エシャロット、にんにく、しょうがはみじん切りにする。

② 鍋に植物油、Aを入れて中火にかけ、香りが立ったら鶏もも肉を入れる。肉全体の色が変わったら、水と日本酒、干ししいたけを入れ、一度沸騰させてからアクをひく。

③ 弱火にしてBを加える。そのまま小さくふつふつと沸くくらいの弱火にして、アクをひきながら、約2時間煮込む。水分が $\frac{1}{4}$ くらいになり、肉がホロッとしてきたらでき上がり。

※保存容器に入れ、冷蔵庫で約2週間保存可能。

台湾では鶏肉で作ったものはないのですが、「やってみたらおいしそう」と作るようになりました。豚肉よりさっぱりした味つけにしてあり、油分が少なく、親しみやすい味わいになっていると思います。左ページと同様、よく切れる包丁で手切りを。アクと一緒に上に浮いている油も取っておくと、味がくどくなりません。煮込むときに、上に鶏もも肉1枚を一緒に入れ、大きな煮鶏も作るのもおすすめ。

魯肉飯

煮鶏そぼろあえ麺

もやしと香菜、魯肉

じゃがいもとれんこんの煮鶏そぼろがけ

作りおき1 作りおき2

「魯肉風煮豚そぼろ」&「魯肉風煮鶏そぼろ」を使って

↓ ↓

応用料理1

応用料理2

魯肉飯

（ルーローハン）

煮鶏そぼろあえ麺

作り方

ごはんを器に盛り、上からお好みの量の「魯肉風煮豚そぼろ」をかける。一緒に煮たゆで卵やたくあん、高菜漬けを添えるのもおすすめ。

作り方

ひやむぎをゆで、熱いうちに器に盛る。上からお好みの量の「魯肉風煮鶏そぼろ」と刻んだ青ねぎ、花椒（ジャオ）オイル（→p22参照）をかける。全体をよく混ぜていただく。

初めて台湾を訪れたときに、「どうしても食べたい」と思った料理のひとつ。言わば台湾の代表的なごはん物です。見た目の色よりは塩分が少なく、こっくりと煮てあるお肉に五香粉の香りがぴったりで、同行した友人と小さなお碗を取り合うように食べた思い出があります。ごはんとの相性が抜群なので、まずは試していただきたい一品。

麺物が豊富にある台湾。ひやむぎを使いましたが、うどんでもそうめんでも大丈夫です。香り高い花椒オイルを合わせるとメリハリが効いて、味にアクセントがつきます。トッピングは香菜や豆苗でも。

↓ ↓

応用料理3

応用料理4

もやしと香菜、魯肉

じゃがいもとれんこんの煮鶏そぼろがけ

作り方

ひげ根を取ったもやしをさっとゆでる。器に香菜、もやし、「魯肉風煮豚そぼろ」を一緒に盛り、全体を混ぜていただく。

作り方

じゃがいもとれんこんを好みの固さにゆで、器に盛る。上から「魯肉風煮鶏そぼろ」をかけ、黒こしょうをたっぷりひく。

単純明快な料理ですが、間違いのない組み合わせ。少し辛いオイルなどを加えてもいいと思います。私は度をこした「酸っぱいもの好き」なので、酢を足すのも大好きです。

ゆでたり、蒸したりした野菜にもぴったり。煮鶏そぼろが少し加わることで、ごはんが進むおかずになります。お弁当のおかずにもおすすめ。

※それぞれのレシピは、「魯肉風煮豚そぼろ」「魯肉風煮鶏そぼろ」のどちらを使ってもよい。

こんな使い方も

卵焼きの具にして焼いたり、レタスなど葉野菜に包んで食べてもおいしい。ごはんに混ぜ込んでおむすびに、チャーハンの具に。「台湾風クレープ」（p86参照）や「春餅」（p92参照）で巻くのもおすすめ。

ゆで豚

蒜泥白肉

材料（作りやすい分量）

豚肩ロースかたまり肉 —— 500g

しょうが —— 1片

にんにく —— 1片

長ねぎ（青い部分）—— 1本分

干しえび —— 大さじ 1/2

黒粒こしょう —— 5粒

日本酒 —— 大さじ 3

水 —— 1ℓ

豚スープ→
p40「木くらげとザーサイ、卵の炒め物」
p76「酸辣湯」
p80「担仔麺」で使えます。

作り方

① 鍋にすべての材料を入れ（しょうがは皮ごと薄切りに、にんにくは皮ごと）、強火にかける。アクをひき、沸騰寸前になったら弱火にする。

② 鍋全体が対流するくらいの火加減で、ふたをせず、アクをひきながら 30 〜 40 分煮る。冷めたらスープごと容器に入れ、保存する。

※冷蔵庫で約 1 週間保存可能。スープは 1 回で約 800 ㎖できる。

海に囲まれた台湾は干した海産物をよく使いますが、この「ゆで豚」も、干しえび入りなのが台湾風。ふたをせず、水面をぐらぐらさせないように注意すれば、あとは鍋まかせで完成。時間に余裕があるときには、温めては火を止めて冷まし、温めては冷ましを数回くり返すと、スープは澄み、ゆで豚は中がピンク色で、しっとりとした食感に仕上がります。

右ページの「ゆで鶏」とともに、保存するときは長ねぎを取りのぞく。スープのみなら冷凍保存も可能。

にんにくの皮をむき、フォークでつぶして黒酢やしょうゆと混ぜると、「ゆで豚」「ゆで鶏」を食べるときのソースにぴったり。

作りおき 4

ゆで鶏

白斬雞

材料（作りやすい分量）

鶏もも肉 —— 1枚

鶏むね肉 —— 1枚

しょうが —— 1片

にんにく —— 1片

長ねぎ（青い部分） —— 1本分

干しえび —— 大さじ $\frac{1}{2}$

白粒こしょう —— 5粒

日本酒 —— 大さじ 3

水 —— 1 ℓ

鶏スープ→
p40「木くらげとザーサイ、卵の炒め物」

p74「トマトとしょうがのスープ」

p75「豆のスープ」

p76「酸辣湯」

p78「台湾風汁ビーフン」

p80「担仔麺」

p82「豆乳麺」

p95「油飯」

p96「鶏肉飯」で使えます。

作り方

① 鍋にすべての材料を入れ（しょうがは皮ごと薄切りに、にんにくは皮ごと）、強火にかける。アクをひき、沸騰寸前になったら弱火にする。

② 鍋全体が対流するくらいの火加減で、ふたをせず、アクをひきながら 30 〜 40 分煮る。冷めたらスープごと容器に入れ、保存する。

※冷蔵庫で約1週間保存可能。スープは1回で約800 ㎖できる。

火加減はごく弱火に。煮立たせるとスープがにごり、お肉も固くパサパサになってしまいます。

こちらも「ゆで豚」と同様、干しえびが効いています。鶏肉は特ににおいがこもるので、ふたをせず、ぐらぐら煮立たせないようにすると、澄んだおいしいスープに。同じ分量で、手羽先や手羽元でスープを取るのもおすすめ。ゆでた手羽はオイル、塩をつけて食べてもいいし、オイル、酢、しょうゆなどであえて、そのまま手づかみで食べるのもおいしい。

きゅうりと香菜のソース

香菜小黄瓜醬

材料（作りやすい分量）

きゅうり —— 2本

エシャレット —— 3本

香菜 —— 2株

しょうが —— $\frac{1}{2}$ 片

ごま油 —— 大さじ1

酢 —— 大さじ2

塩 —— 小さじ1

作り方

① きゅうりは5mmのさいの目切り、エシャレットは粗みじん切り、香菜は1cm長さのざく切り、しょうがはみじん切りにする。

② ボウルに①を入れ、ごま油を加えて全体を混ぜる。さらに酢、塩を加え、混ぜる。

※保存容器に入れ、冷蔵庫で2〜3日間保存可能。

塩の量はお好みで。あえたてできゅうりのフレッシュ感が残ったものも、少し時間をおいて、きゅうりの水分が出て味がなじんだものも、ソースとしておいしい。エシャレットと香菜の風味がアクセントです。

こんな使い方も

あえ麺の具にしたり、カレーのつけ合わせにしたり。冷や奴にのせるのもおすすめ。

きゅうりと香菜のソース
↓

きゅうりと香菜のソース
↓
応用料理

ゆで鶏の
きゅうりと香菜のソースがけ

作り方

① ゆで鶏のもも肉（→p15参照） 1枚を食べやすい
　大きさに切り、「きゅうりと香菜のソース」を適
　量かける。

しっとりしたゆで鶏に、さわやかなきゅうりのソースがぴった
りのメニュー。どちらもしっかり冷やしてどうぞ。

調味料 2

辛いトマトソース

辣番茄醬

材料（作りやすい分量）

トマト（中）—— 2個

プチトマト —— 1パック（12〜15個）

にんにく —— 1片

植物油 —— 大さじ1

豆板醤 —— 小さじ1

A　はちみつ —— 大さじ1

　　酢 —— 大さじ1

　　ラー油 —— 小さじ1
　　（p22参照、市販品でも可）

　　サーチャー醤 —— 小さじ1
　　（p34参照）

　　塩 —— 小さじ1

作り方

① トマトはさいの目切り、プチトマトは横半分か、大きければ4等分に切り、ボウルに入れる。にんにくは縦半分に切り、芯を取る。

② フライパンに植物油とにんにくを入れ、中火にかける。にんにくがこんがりと色づき、香りが立ったら豆板醤を加え、さっと火を通す。

③ ①に②を加え、Aを加えて、全体をよく混ぜ合わせる。

※保存容器に入れ、冷蔵庫で2〜3日間保存可能。

トマトの甘さによって、はちみつの量は加減してください。辛い味が好きなら、ラー油や豆板醤の量を増やしてもOK。

豆板醤（とうばんじゃん）

そら豆に大豆、米、大豆油、ごま油、塩、とうがらしなどの材料を加えて作る、中華料理を代表する調味料。「とうがらしみそ」と呼ばれることもあり、独特の辛みが特徴です。

辛いトマトソース

↓

応用料理

牛肉の辛いトマトソースがけ

作り方

すき焼き用牛もも肉4枚を半分に切り、色が変わる程度にさっとゆでる。牛肉と、薄切りにして水にさらし、水けをきった紫玉ねぎ$\frac{1}{4}$個分と「辛いトマトソース」を交互に重ねて器に盛り、最後にたっぷりと「辛いトマトソース」をまわしかける。

牛肉とトマトは相性のいい組み合わせ。しゃぶしゃぶ用のお肉だと、ほどよい噛みごたえがないので、すき焼き用がおすすめです。たっぷりの紫玉ねぎとピリッと辛いソースが、食欲をそそります。私自身は普段牛肉をあまり食べないのですが、これはふいに食べたくなって作る一品。

こんな使い方も

> 言うなれば台湾風サルサソースなので、肉や魚介類によく合います。ゆでたえびやいかにかけたり、焼き魚にかけてもおいしい。卵焼きに、ソースとして炒め合わせても。

調味料3　オイスターソースと五香粉のソース

五香粉蠔油醬

材料（作りやすい分量）

オイスターソース —— 大さじ6

黒酢 —— 大さじ2

はちみつ —— 大さじ1

ごま油 —— 小さじ2

五香粉 —— 小さじ$\frac{1}{2}$

作り方

① ボウルにすべての材料を入れ、よく混ぜ合わせる。

※保存容器に入れ、冷蔵庫で約半年間保存可能。

火を入れず、混ぜ合わせるだけなので、野菜のあえ物など、生で食べるものにかける場合、オイスターソースの種類によっては、少し生ぐさく感じるものがあるかもしれません。その場合は、炒め物や煮物など火を通すものに使うと気にならなくなります。オイスターソースはメーカーによって味わいがかなり違ってくるので、お好みのものを見つけてください。

こんな使い方も

鍋料理のたれにしてもおいしいですし、野菜や肉の炒め物や煮物の調味料にしてもいいです。麺類などにかけてもおいしいです。

オイスターソースと五香粉のソース

↓

応用料理

焼きなすの
オイスターソースと五香粉のソースあえ

作り方

なす4本は縦半分、横半分に切る。フライパンに植物油大さじ1くらいを入れて強めの弱火にかけ、切り口を下にしてなすを並べる。ふたをして蒸し焼きにし、上下を返しながらこんがりと焼く。縦半分にさいて、「オイスターソースと五香粉のソース」であえる。熱いうちでも、冷やしてからでもおいしい。

焼きなすをあえる料理を現地で見たことはありませんが、私にとっては「台湾っぽい！」と思う味と香りです。なすは厚めに切り、しっとりと香ばしく焼くのがポイント。あまり触れずに、気長に焼いてください。

香油

花椒オイル

ラー油

調味料 4

香油

香油

材料（作りやすい分量）
ベルギーエシャロット —— 3個
にんにく —— 3片
しょうが —— 2片
植物油 —— 200㎖

香油→
p30「豆腐干と香菜、枝豆のサラダ」
p46「じゃがいもの香油ズーラン炒め」
p78「台湾風汁ビーフン」
p81「台湾風あえ麺」
p82「豆乳麺」
p92「羊の西安風炒め」
p95「油飯」
p96「鶏肉飯」で使えます。

作り方

① エシャロットは粗みじん切り、にんにくはみじん切り、しょうがはせん切りにする。

② 小さめのフライパンに植物油と①を入れ、弱火にかける。焦げないように様子を見ながら、約10分煮るように火を通す。全体から細かい泡が出て、きつね色のちょっと手前になったら、ボウルに移して冷ます（そのままにしておくと、余熱で火が通りすぎてしまうため）。冷めたら保存容器に移す。

※冷蔵庫で約半年間保存可能。もっと長く保存できるが、香りがとんでしまうので、早めに使いきる。暑い時期は、冷蔵庫で保存する。

火を入れる程度で味が違ってきます。淡く、あまり色をつけないようにすると、甘みのある味わいに。きつね色まで火を通すと、香ばしくすっきりとした味わいに。オイルだけ、具だけというふうにも楽しめます。風味の素として万能ですが、特に野菜料理におすすめ。

花椒オイル
（ホワジャオ）

花椒油

材料（作りやすい分量）

A｜植物油 —— 150㎖

　｜花椒（p26参照）—— 大さじ 3

　｜とうがらし —— 1本

ごま油 —— 50㎖

作り方

① とうがらしは半分に切り、種を取る。小鍋にAを入れ、弱火にかける。

② 花椒にふつふつ泡が立ち、一度沈んで、また浮かんできて香りが立ったら、火を止める（焦げないよう火加減に注意）。

③ 冷めたらごま油を加え、保存容器に移す。

※常温で約半年間保存可能。もっと長く保存できるが、香りがとんでしまうので、早めに使いきる。暑い時期は、冷蔵庫で保存する。

花椒オイル→
p12「煮鶏そぼろあえ麺」
p32「じゃがいもとセロリの花椒オイルあえ」
で使えます。

香りもよく、花椒自体もカリカリとして食感も楽しいので、いろんなものにかけたくなります。辛みはあまりなく、香りを楽しむオイルです。

ラー油

辣油

材料（作りやすい分量）

A｜植物油 —— 200㎖

　｜長ねぎ（青い部分）—— $\frac{1}{2}$本分

　｜しょうが・にんにく —— 各1片

　｜干しえび・花椒 —— 各大さじ 1

　｜シナモンスティック —— 2本

　｜八角 —— 1個

B｜粗びきとうがらし —— 大さじ 2

　｜細びきとうがらし —— 大さじ 2

　｜日本酒 —— 大さじ 1

ごま油 —— 50㎖

作り方

① しょうがは 3㎜厚さの薄切りにする。小鍋にAを入れ、弱めの中火にかける。焦げないように注意しながら、香ばしい香りが立つまで揚げるように煮る。

② ボウルにBを入れ、よく混ぜる。

③ ①のオイルのねぎの水分が抜けて、きつね色になったら、熱いうちに②のボウルに漉しながら入れる。全体をよく混ぜ、具材の中からシナモンスティックと八角だけを取り出し、ボウルに入れる。

④ 冷めたらごま油を加えて混ぜ、保存容器に移してひと晩寝かせる。

※常温で約半年間保存可能。もっと長く保存できるが、香りがとんでしまうので、早めに使いきる。暑い時期は、冷蔵庫で保存する。

ラー油→
p18「辛いトマトソース」
p66「さばのラー油焼き」
p70「塩豆漿」
p76「酸辣湯」
p81「台湾風あえ麺」
p82「豆乳麺」で使えます。

干しえびが入った、香ばしいラー油。この魚介の香りが、台湾っぽさを出していると思います。そんなに辛くはないので、もっと辛いのがお好きな方はとうがらしを増やしてください。

えび塩

ピーナッツとうがらし塩

花椒塩

調味料 7

花椒塩

花椒鹽

材料（作りやすい分量）

花椒（p26参照） —— 大さじ 2

粉花椒 —— 大さじ 1

塩 —— 50g

作り方

① フライパンに花椒を入れて弱火にかけ、焦がさないように気をつけながら、香りが立つまでから炒りし、火から下ろす。冷めたら、すり鉢などで粗くつぶす。

② ①に粉花椒と塩を加え、全体をよく混ぜ合わせる。

※保存容器に入れ、常温で約1年間保存可能。香りが飛ぶので、早めに使いきる。

香り高い、花椒たっぷりの花椒塩。市販品は粉状のものですが、カリカリと食感の楽しい粒も加えて、花椒好きにはたまらない塩になりました。揚げ物にはもちろん、酢と合わせて野菜のあえ物に使ったり、ゆでたえびやいかとあえても。

花椒塩→
p64「揚げいか団子」で使えます。

えび塩

蝦味鹽巴

材料（作りやすい分量）
干し桜えび —— 大さじ 2
干しえび —— 大さじ 1
A | 塩 —— 30g
　| 干し桜えび —— 大さじ 3
　| 白炒りごま —— 大さじ 1
　| 乾燥香菜 —— 大さじ 1
　| きび砂糖 —— 小さじ 1

えび塩→
p81「台湾風あえ麺」で使えます。

作り方
① フライパンに干し桜えび大さじ 2 と干しえびを入れて弱火にかけ、から炒りする。香ばしく香りが立ったら火から下ろし、冷ます。
② ①をフードプロセッサーにかけ、粉末状にする。ボウルに粉末とΛを入れ、よく混ぜる。
※保存容器に入れ、常温で約 3 カ月間保存可能。香りが飛び、酸化するので、早めに使いきる。

シンプルな調味料として使いたい場合は、白ごま、干し桜えび、乾燥香菜、砂糖を加えずに、えびと塩だけのものでも充分おいしいです。切ったり、ゆでたりした野菜にかけたり、おむすびに混ぜても。あえ麺（p81／台湾風あえ麺）に加えると、ぐっと味わいが深まります。

ピーナッツとうがらし塩

花生辣椒鹽

材料（作りやすい分量）
無塩ピーナッツ（ロースト）—— 80g
A | 塩 —— 30g
　| 白炒りごま —— 大さじ 1
　| とうがらし（輪切り）—— 大さじ 1
　| 粗びきとうがらし —— 小さじ 1/2

作り方
① ピーナッツは薄皮をむいて、フードプロセッサーにかけ、ざっと粗めに砕く。
② ボウルに①と A を入れ、よく混ぜる。
※保存容器に入れ、常温で約 3 カ月間保存可能。香りが飛び、酸化するので、早めに使いきる。

ピーナッツの香ばしさとピリッと辛さのある、南国っぽいお塩です。えび塩と同様、ゆで野菜、おむすび、あえ麺などに。

ピーナッツとうがらし塩→
p37「切り干し大根と細切り野菜のサラダ」
p81「台湾風あえ麺」で使えます。

花椒オイル
↓
応用料理

にんじんの
花椒オイルあえ

作り方

にんじん1本は皮をむき、ひと口大の乱切りにする。ボウルににんじんを入れ、「花椒オイル」、塩各適量を加え、混ぜる。

花椒（ホワジャオ）

中国の山椒の実を粒のまま乾燥させたもので、さわやかな芳香と独特の辛みが特徴。日本の山椒とは別種のもので、香りも強め。煮込み料理や炒め物、あえ物などに活躍します。

わが家の食事で何度作ったか分からないくらい、好きな組み合わせ。にんじんのポリポリした食感に香りのよい花椒が合わさって、つい食べ進めてしまいます。酢を加えてもおいしい。にんじんの切り方を変えると、また違った味わいが楽しめます。

香油、ラー油
↓
応用料理

えびの
辛いパリパリ焼き

作り方

① えび12尾は背ワタを取り、尾の水分を含んでいる部分と頭の先を切り落とす。塩と片栗粉をまぶして軽くもみ、水で洗い、水けをよく拭く。

② フライパンに「香油」の油を適量入れ、強火にかける。①を入れて中火にし、両面をこんがりと焼く。

③ 火を止め、「香油」の具材と「ラー油」各適量を加え、黒こしょうをひき、フライパンの中であえる。器に盛り、殻ごといただく。

殻つきのえびをそのままパリッと焼く料理。小さめの細巻えび（小型の車えび）で作るのがおすすめです。えび本来の塩分で足りなければ、塩を足してください。

ピーナッツとうがらし塩
↓
応用料理

とうもろこしとかぼちゃの
ピーナッツとうがらし塩がけ

作り方
とうもろこしはゆでて、包丁でひと口大にそぎ落とす。コリンキーなど、生で食べられるかぼちゃは薄切りにし、塩もみをして、水で洗い、水けを絞る。皿にとうもろこしとかぼちゃを盛り、上から「ピーナッツとうがらし塩」適量をふる。

とうもろこしとかぼちゃの甘みに、ピリッと辛いとうがらし、ピーナッツのコクと食感がアクセントに。肉や魚介が入ったサラダに使ってもおいしいです。

花椒塩・えび塩
↓
応用料理

ゆで豚と豆苗の
花椒塩、えび塩添え

作り方
ゆで豚（→p14参照）は薄切りにする。豆苗はさっとゆでる。器に盛り、ゆで豚には、「花椒塩」を、豆苗には「えび塩」を添える。

ゆで豚には香りがよくてピリッとした風味の花椒塩がぴったり。えび塩はどんな野菜とも相性がいいので、つけ合わせの野菜はお好きなものを。

2

野菜のおかず

家で食事の支度をしていると
メインより副菜が気になってしまうことが多くて
必ず何品か用意したくなります。
台湾には「小菜」と呼ばれる小さなおかずが豊富にあり
特に野菜の小菜は、副菜のヒントにしたいものばかり。
日本のおかずともなじみやすそうな
やさしい味つけがほとんどで
その味わいを再現したくて考えたレシピです。

じゃがいもとセロリの花椒オイルあえ

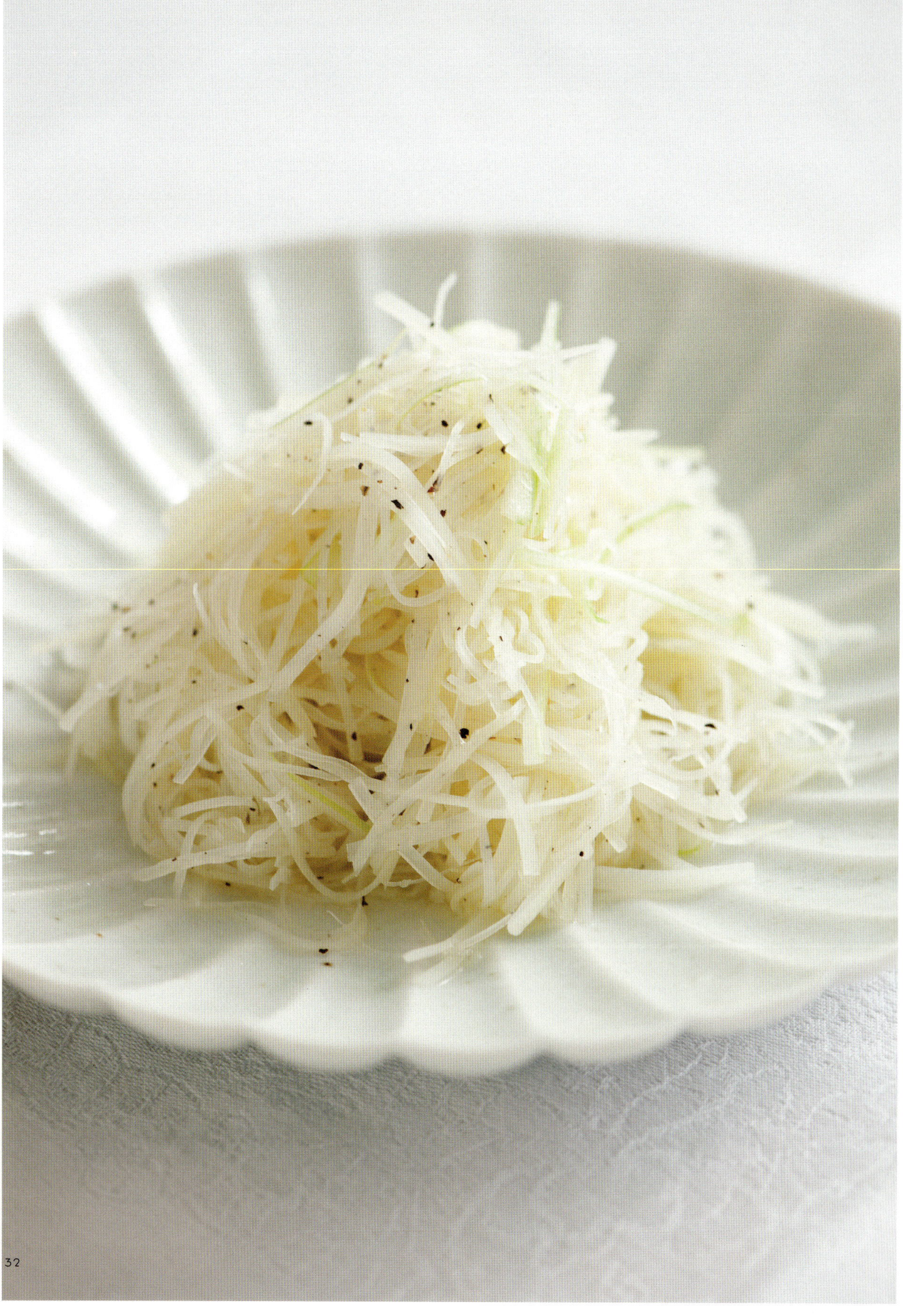

豆腐干と香菜、枝豆のサラダ

香菜毛豆涼拌干絲

材料（4人分）
豆腐干 —— 200g
枝豆（正味）—— 100g
香菜 —— 4株
酢 —— 大さじ1と$\frac{1}{2}$
塩 —— 小さじ$\frac{1}{2}$
香油 —— 大さじ1
（p22参照、なければごま油）
黒こしょう —— 適量
揚げエシャロット —— 大さじ1

作り方
① 豆腐干は一度湯通ししてざるに上げ、水けをきる。長いようなら食べやすい長さに切る。枝豆は塩ゆでし、薄皮をむく。香菜はざく切りにする。
② ボウルに酢と塩を入れてよく混ぜ、塩が溶けたら香油を加え混ぜ、黒こしょうをひく。
③ ②に①を加え、全体をあえる。器に盛り、揚げエシャロットをのせる。

豆腐干

豆乳を圧縮、脱水して作る固い豆腐のことで、今回はせん切りタイプを使っています。真空パックで売られることが多く、湯通しして、ほぐしてから使います。台湾食材店やネット通販で手に入ります。

台湾の小菜によくある冷菜。豆腐干は独特の食感と風味が楽しく、大豆製品が好きな人には喜んでもらえるはず。植物性の材料ばかりなので、香油が味のアクセントになります。

きゅうりのサーチャー醤しょうが炒め

沙茶醬炒薑絲小黄瓜

材料（4人分）
きゅうり —— 3本
しょうが —— 大1片
植物油 —— 小さじ1
サーチャー醤 —— 小さじ1
A｜日本酒 —— 大さじ1
　｜しょうゆ —— 小さじ1
　｜塩 —— 小さじ$\frac{1}{2}$

作り方
① きゅうりは縦半分に切り、種をスプーンでこそげ取り、ひと口大の乱切りにする。しょうがはせん切りにする。
② フライパンに植物油を入れて強火にかける。油が温まったらしょうがを加え、香りが立ったらきゅうりを加え、さっと炒める（火が入りすぎないように注意）。
③ きゅうりが熱くなる程度になったら、サーチャー醤を加えてさっと炒め、Aを加え、水分を飛ばしながら炒める。

サーチャー醤

干しえび、魚の乾物、にんにく、ねぎ、とうがらしなどの材料で作る調味料。旨味、コクがあり、海鮮の出汁が入っているので「台湾っぽい味わい」にしたいときにおすすめです。

魚介の風味が豊かなサーチャー醤で、台湾らしい味わいの炒め物。炒めすぎには注意。

じゃがいもとセロリの花椒オイルあえ

花椒油涼拌馬鈴薯芹菜

材料（2～3人分）

じゃがいも（メークイン）—— 中1個

セロリ —— $\frac{1}{2}$本

A | 酢 —— 大さじ1
 | レモン汁 —— 大さじ1
 | 塩 —— 小さじ $\frac{1}{2}$

花椒オイル —— 大さじ1
（p22参照、油のみ）

黒こしょう —— 適量

作り方

① じゃがいもはせん切りにして水にさらし、熱湯でさっとゆで、再度水にさらす。セロリもせん切りにし、水にさらす。

② ボウルにAを入れてよく混ぜ、塩が溶けたら花椒オイルを加え、黒こしょうをひき、よく混ぜる。水けをよくきった①を加え、さっとあえる。

じゃがいもとセロリをできる限り細く切ると、美しく、食感もさくさくとおいしくなります。単純な組み合わせのマリネなので、花椒オイルの風味がポイントになっています。ごま油でもできますが、味の構成が変わるので、ぜひ花椒オイルで試してみてください。

中国湯葉とセロリのあえ物

芹菜拌豆皮

材料（4人分）

中国湯葉 —— 80g

セロリ —— $\frac{1}{2}$本

香菜 —— 4株

酢 —— 大さじ1と$\frac{1}{2}$

塩 —— 小さじ1

ごま油 —— 大さじ1

白炒りごま —— 大さじ1

作り方

① 中国湯葉はたっぷりの水で戻しておく（3時間以上）。

② ①は3cm幅に切る。セロリはせん切りに、香菜はざく切りにする。

③ ボウルに酢と塩を入れてよく混ぜ、塩が溶けたらごま油を加え、混ぜる。②と白炒りごまを加え、全体をあえる。

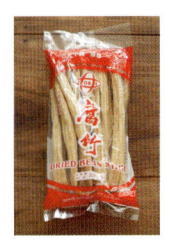

中国湯葉

日本のものより厚手で、しっかりとした食感。端のほうが固く、戻すのに時間がかかるので、前日から水につけておくとしっかり戻せます。台湾食材店やネット通販で手に入ります。

中華素材である乾燥湯葉を使ったあえ物です。中国湯葉は、スープやお鍋に入れたり、炒めたりといろいろな料理に活用できますので、少し多めに戻しておいて、何回かに分けて使うのもいいと思います。

きゅうりと糸寒天の小菜

寒天絲小黃瓜小菜

材料（4人分）

きゅうり —— 2本

糸寒天 —— 5g

A｜ 酢 —— 大さじ1
｜ 塩 —— 小さじ $\frac{1}{2}$
｜ きび砂糖 —— 小さじ $\frac{1}{2}$

とうがらし —— 1本

にんにく —— 1片

ごま油 —— 大さじ1

黒粒こしょう —— 8粒

作り方

① きゅうりは縦半分に切り、種をスプーンでこそげ取る。5cm長さの拍子木切りにし、塩少々（分量外）をまぶす。糸寒天は約30分水につけ、戻しておく。とうがらしは半分に切り、種を取る。にんにくは包丁の背でつぶし、芯を取る。

② ボウルにAを入れてよく混ぜ、塩と砂糖が溶けたら、とうがらし、にんにく、ごま油、黒こしょうを入れ、さっと混ぜる。

③ ②に水けをきったきゅうり、糸寒天を加え、さっとあえる。

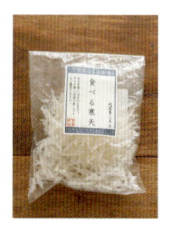

糸寒天

細い糸状の食べられる寒天のことで、みそ汁や、戻してサラダやあえ物などに使います。きゅうりの水分を吸って、プリプリ、こりこりとした食感が楽しめます。

台湾小菜の定番中の定番。小菜コーナーがあるところには必ずあると思います。あえたてと、少し時間をおいて味がなじんだもの、味わいが違ってどちらもおいしいです。

切り干し大根と細切り野菜のサラダ

蘿蔔乾絲蔬菜沙拉

材料（4人分）
切り干し大根 —— 30g
にんじん —— $\frac{1}{3}$本
きゅうり —— 1本
セロリ —— $\frac{1}{2}$本
黄パプリカ —— $\frac{1}{3}$個
塩 —— 小さじ$\frac{1}{4}$
A｜酢 —— 大さじ2
　｜ピーナッツとうがらし塩（p24参照）
　　　—— 大さじ1
　｜きび砂糖 —— 小さじ1
ごま油 —— 大さじ$\frac{1}{2}$

作り方
① 切り干し大根は水につけて戻しておく。にんじんは皮をむき、きゅうり
　は皮をむいて縦半分に切り、種をスプーンでこそげ取る。それぞれ5cm
　長さの細切りにする。セロリ、黄パプリカも5cm長さの細切りにする。
　野菜をボウルに入れて塩を加え、さっと全体を混ぜ、しんなりするまで
　おく。
② 別のボウルにAを入れてよく混ぜ、塩と砂糖が溶けたらごま油を加え、
　混ぜる。水けをきった切り干し大根と野菜を加え、さっとあえる。
③ 器に盛り、ピーナッツ（分量外、お好みで）を散らす。

切り干し大根と細切り野菜の食感が楽しいサラダ。2〜3日は日持ちするので、たっぷり
と作っておくのもおすすめ。こちらもさっとあえたてのものも、少し時間をおいて味がな
じんだものも、どちらもおいしいです。

いんげんと干しえびの炒め物

扁豆炒蝦乾

材料（4人分）

いんげん —— 150g

ベルギーエシャロット —— 1個

干しえび —— 大さじ1

植物油 —— 大さじ1

A | 日本酒 —— 大さじ1
　 | 塩 —— 小さじ $\frac{1}{4}$
　 | 黒こしょう —— 適量

作り方

① いんげんは根元を切り落とし、半分に切る。エシャロットと干しえびはみじん切りにする。

② フライパンに植物油を入れて中火にかけ、油が熱くなったらいんげんを加える。全体的に焼き目がついて、くったりするまで焼き、バットに取り出す。

③ フライパンはそのままで、エシャロットを加え、さっと炒める。しんなりしたら、干しえびを加え、香りが立つまで炒める。Aを加えてさっと混ぜ、いんげんを戻し、炒め合わせる。

香ばしい干しえびと、くったりとするまで焼いたいんげんが好相性の炒め物。単純な組み合わせですが、干しえびとエシャロットが味のポイントになっています。この部分だけ細かいので、どうしても最後、器に残ってしまうのですが、ごはんにかけてもおいしいです。

じゃがいもとトマト、桜えびのサラダ

櫻花蝦馬鈴薯番茄沙拉

材料（4人分）
じゃがいも（男爵）── 中2個
トマト ── 大1個
生桜えび ── 50g
A 酢 ── 大さじ2
　 ごま油 ── 大さじ1
　 塩 ── 小さじ $\frac{1}{4}$
　 黒こしょう ── 適量

作り方
① じゃがいもは皮をむき、4等分に切り、水にさらす。水けをきり、十分に湯気が立った蒸し器に入れ、強火で竹串がすっと通るまで蒸す。トマトはさいの目切りにする。
② ボウルにトマト、桜えび、Aを入れ、さっと混ぜる。
③ 粗熱を取り、フォークでざっくりと半分に割ったじゃがいもを器に盛り、上から②のソースをかける。

生桜えびはものによって塩分が違うので、味見をしてから塩を加減してください。じゃがいもには下味をつけていないので、ソースをたっぷりとからめながらどうぞ。ラー油などを加え、辛くしてもいいです。

木くらげとザーサイ、卵の炒め物

木耳榨菜炒蛋

材料（4人分）

木くらげ（乾燥）—— 5g

ザーサイ —— 50g

長ねぎ —— $\frac{1}{2}$本

卵 —— 3個

日本酒 —— 大さじ1

植物油 —— 大さじ2＋小さじ1

A｜豚または鶏スープ（p14-15参照）
　　もしくは水 —— 大さじ3

　日本酒 —— 大さじ1

　しょうゆ —— 小さじ1

　ごま油 —— 小さじ1

黒こしょう —— 適量

塩 —— 適宜

作り方

① 木くらげはたっぷりの水につけて戻し、ひと口大に切る。ザーサイはせん切りにし、塩けが強ければ水にさらし、塩分を少し抜く。長ねぎは縦半分に切り、さらに斜め薄切りにする。

② ボウルに卵を割り入れ、日本酒を加え、ざっと混ぜる。フライパンに植物油大さじ2を入れて強火にかけ、油が熱くなったら卵を一度に加え、炒める。半熟の状態で、バットに取り出す。

③ そのままのフライパンに、植物油小さじ1を入れて中火にかけ、①を加えてさっと炒める。Aを加えてさっと炒めたら、②の卵を戻し、炒め合わせる。黒こしょうをひき、足りなければ塩を加える。

木くらげ

中華料理に幅広く使われるきのこの一種で、コリコリとした食感がアクセント。鉄分や食物繊維が豊富なので、女性にはおすすめの食材。乾物は日持ちがするので便利です。

ザーサイ

アブラナ科の葉野菜の、茎の肥大した部分を使った漬け物。調味料的な役割で活躍します。私はかたまりの状態で買って、ひと株分ずつ薄切りにして、塩抜きして使っています。

ザーサイの塩分で調味するので、水にさらすときに塩分を抜きすぎないように注意すること。もし、ゆで豚やゆで鶏を作って、スープの残りがあるようなら、合わせ調味料に使ってください。なかったら水でも大丈夫。しっとり炒めるとおいしくて、ごはんにもお酒にも合うおかずです。

台湾たけのこの黒酢あえ

黒醋拌竹筍

材料（作りやすい分量）

台湾ゆでたけのこ —— 200g

にんにく —— 1/2片

A しょうゆ —— 大さじ1

　　黒酢 —— 大さじ1

　　酢 —— 大さじ1

　　ごま油 —— 大さじ1/2

　　きび砂糖 —— 小さじ1

　　塩 —— 小さじ1/4

　　とうがらし —— 1本

作り方

① たけのこは斜め切りにし、沸騰した湯で湯通しする。にんにくは半分に切り、芯を取る。とうがらしは半分に切り、種を取る。

② ボウルにAを入れてよく混ぜ、水けをよくきったたけのこ、にんにくを加え、よく混ぜる。保存容器に移し、空気を抜くようにしてラップをぴったりとかぶせ、30分以上おく。

※冷蔵庫で1週間保存可能。

あえてすぐでもおいしいですが、30分以上漬けておくと、味がこなれてきます。日持ちするので、常備菜として多めに作ってみてください。私の育った長崎県では淡竹をよく食べるのですが、この桂竹も食感が似ていて好物です。えぐみが少なく、しゃくしゃくとした独特の食感もいいです。

台湾たけのこ

台湾のたけのこはいろんな種類がありますが、日本の淡竹に似た食感の桂竹というものを使いました。真空パックになっていて、台湾食材店、ネット通販などで購入できます。

ごぼうの黒酢あえ

黒醋拌牛蒡

材料（作りやすい分量）

ごぼう —— 2本

にんにく —— 1片

植物油 —— 大さじ1

A 黒酢 —— 大さじ1

　　酢 —— 大さじ1

　　しょうゆ —— 大さじ1

　　きび砂糖 —— 小さじ2

　　塩 —— 小さじ1/4

　　とうがらし —— 1本

作り方

① ごぼうは麺棒などで軽くたたき、5cm長さに切り、水にさらす。にんにくは半分に切り、芯を取る。とうがらしは半分に切り、種を取る。

② フライパンに植物油とにんにくを入れ、中火にかける。にんにくが香ばしくきつね色になるまで、揚げるようにして火を通す。ボウルにAを入れてよく混ぜ、フライパンのにんにくと植物油を加え、よく混ぜる。

③ 沸騰した湯に酢大さじ1（分量外）を加え、ごぼうをさっとゆで、水けをよくきる。ごぼうが熱いうちに②に加え、よく混ぜる。保存容器に移し、空気を抜くようにしてラップをぴったりとかぶせ、30分以上おく。

※冷蔵庫で1週間保存可能。

ごぼうがコリコリとして、中華風漬け物のような仕上がり。こちらも日持ちするので、多めに作っておくといいと思います。あえたてもいいですが、少し漬け込んでおくと味がこなれ、ごぼうに風味もしみておいしいです。

干ししいたけと厚揚げの煮物

三杯豆腐

材料（4人分）

干ししいたけ —— 6枚

厚揚げ —— 1枚

A｜にんにく —— 1片

　｜しょうが —— $\frac{1}{2}$片

　｜とうがらし —— $\frac{1}{2}$本

　｜水 —— 100mℓ

　｜干ししいたけの戻し汁 —— 100mℓ

　｜紹興酒 —— 大さじ2

　｜きび砂糖 —— 小さじ2

　｜塩 —— 小さじ $\frac{1}{2}$

作り方

① 干ししいたけは水につけて戻す。軸を切り、半分にそぎ切りにする。厚揚げはキッチンペーパーで油をよく拭き取る。縦半分に切り、5等分に切る。にんにくは半分に切り、芯を取る。しょうがは薄切りにする。とうがらしは種を取る。

② 鍋にAを入れて強火にかけ、一度沸騰させてからアクをひく。干ししいたけ、厚揚げを加え、強めの弱火にし、落としぶたやキッチンペーパーなどをかぶせ、約20分煮る（水分が少ないので火加減に注意する）。

台湾では豆腐干で作られている煮物を、厚揚げでアレンジ。日本人にも慣れ親しんだ煮物ですが、ちょっとした材料の違いで台湾風になります。味を含んでなじんだのもおいしいので、こちらも多めに作っておくのをおすすめします。

大根とあさりの炒め物

蘿蔔炒蚵蠣

材料（4人分）

大根 —— $\frac{1}{4}$本

塩 —— 小さじ1

あさり —— 15個

にんにく —— 1片

植物油 —— 大さじ1

日本酒 —— 大さじ1

ごま油 —— 小さじ1

黒こしょう —— 適量

作り方

① 大根は4㎝長さの拍子木切りにする。ボウルに入れ塩をふって軽くもみ、そのまま15分以上おき、水分を出す。あさりは塩水（分量外）につけ、上にアルミホイルなどをかぶせて15分以上おき、砂抜きをしたあと、流水で殻をごしごしとすり合わせるようにして洗う。にんにくは包丁の背でつぶして、芯を取る。

② フライパンに植物油とにんにくを入れて中火にかける。にんにくの香りが立ち、きつね色になったら、水けをきったあさりと日本酒を加え、ふたをする。

③ 貝がひとつふたつ開いてきたら、水けをしっかりきった大根を加え、炒める。全体の水分がなくなるまで炒めたら、ごま油を加えて黒こしょうをひき、味を調える。

塩をして水分を出した大根に、あさりのスープを戻すような感じで炒め合わせます。フライパンの水分がすべてなくなるまで炒めるのがコツ。塩けは大根にふった塩と、あさりの持つ塩分だけなので、味見して薄く感じるようなら、塩を足してください。

じゃがいもの香油ズーラン炒め

香油孜然炒馬鈴薯

材料（4人分）
じゃがいも（メークイン）—— 2個
香油（p22参照、油のみ）—— 大さじ1
香油（p22参照、具材のみ）—— 大さじ1
クミンシード —— 小さじ1
塩 —— 小さじ1
黒こしょう —— 適量

作り方
① じゃがいもは皮をむき、太めのせん切りにして水にさらす。炒める前に水分をよく拭き取る。
② フライパンに香油の油を入れ、強火にかける。油が熱くなったら①を加え、炒める。
③ 透き通ってきたらクミンシードを加え、香りが立ったら、塩、黒こしょうで味を調え、火から下ろす。そこに香油の具材（油をきったもの）を加え、混ぜ合わせる。

台北は一度にいろんな地方の料理が食べられるのも魅力。せん切りのじゃがいもをさっと炒めた料理は、風味や味つけにさまざまなバリエーションがあります。西安料理では「ズーラン」と呼ばれるクミンシードをよく食べますが、そのクミンシードと香油で、じゃがいもをシンプルに炒めました。辛くしてもおいしいので、とうがらしを入れてもいいです。しゃきっと炒めたいので、水にさらしてしっかりでんぷんを落とすこと、水分をよく拭き取ること、さっと炒めることを心掛けてください。

マコモダケと香腸炒め

笈白筍炒香腸

材料（4人分）

マコモダケ —— 2本

香腸（台湾腸詰）—— 3本

植物油 —— 小さじ1

塩 —— 小さじ$\frac{1}{3}$

黒こしょう —— 適量

作り方

① マコモダケは上の緑の固い部分を切り落とし、ひと口大の乱切りにする。香腸は2～3mm厚さの斜め切りにする。

② フライパンに植物油を入れ、強火にかける。油が熱くなったら、香腸を加え、炒める。香腸から油が出て香りが立ったらマコモダケを加え、火を通しすぎないように、さっと炒める。マコモダケの切り口の角が少し丸くなったら、塩、黒こしょうで味を調え、火を止める。

マコモダケ

イネ科の植物「マコモ」の根元が、たけのこ状に肥大したもの。中華素材として有名ですが、日本にも産地があるので、場所によっては店頭で売っていたりします。しゃくっとした独特の食感が特徴。

香腸

台湾の夜市や日本の台湾料理店でもおなじみの、台湾ソーセージ。豚の肩肉と脂身を合わせたものを甘辛く味つけして腸詰にしたもの。台湾食材店やネット通販で購入可能です。

台湾の代表的なふたつの食材を合わせて炒めました。香腸の少し甘い味と五香粉の香りが、マコモダケの淡い風味によく合います。独特の食感を楽しみたいので、マコモダケはあまり小さく切りすぎないのがポイントです。

3

肉と魚介のおかず

家族は白いごはんが大好きなので
和食以外は、洋食よりも中華系のおかずを好みます。
そんなわが家でも実際によく食卓に上がる
肉・魚介を使ったレシピです。
毎日のごはんのメインになるような
日本でも手に入りやすい、身近な素材で作れるものを考えました。
台湾ではえび・いか・貝類もよく食べるので
それらを使ったレシピも含まれています。

ひき肉ときのこ、豆腐の皿蒸し

絞肉蒸金針菇豆腐

材料（4人分）

〈タネ〉

しいたけ —— 3枚

しめじ —— $\frac{1}{4}$パック（約110g）

長ねぎ —— $\frac{1}{2}$本

しょうが —— 1片

豚ひき肉 —— 100g

鶏ひき肉 —— 100g

絹豆腐 —— $\frac{1}{3}$丁

A 卵 —— $\frac{1}{2}$個

日本酒 —— 大さじ1

しょうゆ —— 大さじ$\frac{1}{2}$

ごま油 —— 小さじ1

塩 —— 小さじ$\frac{1}{2}$

黒こしょう —— 適量

〈トッピング〉

しいたけ —— 3枚

しめじ —— $\frac{3}{4}$パック（約40g）

作り方

① タネに加えるしいたけは薄切り、しめじはざく切りにする。長ねぎ、しょうがはみじん切りにする。

② ボウルに豚、鶏ひき肉を入れ、豆腐をくずし入れ、Aを加えてよく混ぜる。ねばりが出てまとまったら、①を加え、ざっと混ぜる。

③ 器に薄く植物油（分量外）を塗り、②を入れ、表面を平らにならす。上に薄切りにしたしいたけとほぐしたしめじをのせ、十分に湯気の立った蒸し器に入れ（ⓐ）、強火で約20分蒸す（ⓑ）。器の外側に透明なスープが浮き、竹串を刺して抵抗感があったら、蒸し上がり。

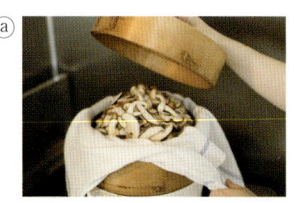

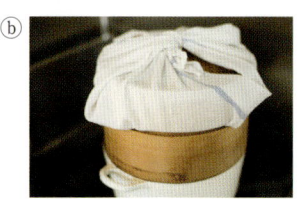

きのこは蒸しているうちにしぼむので、こんもり盛っても大丈夫。器は加熱する間に熱くなるので、下にキッチンクロスなど、布を挟んでおくと、取り出しやすいです。

豆腐が入っているので、ふんわりとした食感です。味つけはしっかりしてありますが、お好みで、黒酢やしょうゆを少したらしたり、香菜を添えても。器の大きさや種類によって蒸し時間が変わってくるので、加減してください。

骨つき鶏肉と厚揚げの黒酢オイスターソース煮

黒醋蠔油油豆腐煮帶骨雞

材料（2〜3人分）

骨つき鶏もも肉 —— 2本

塩 —— 少々

片栗粉 —— 大さじ2

厚揚げ —— 1枚

植物油 —— 大さじ2

A｜水 —— 500㎖

　　紹興酒 —— 100㎖

　　にんにく —— 2片

　　しょうが —— 1片

　　とうがらし —— 2本

B｜しょうゆ —— 大さじ3

　　黒酢 —— 大さじ2

　　バルサミコ酢 —— 大さじ2

　　はちみつ —— 大さじ2

　　オイスターソース —— 大さじ1

　　五香粉 —— 小さじ$\frac{1}{4}$

小松菜 —— $\frac{1}{2}$束

作り方

① 鶏もも肉は裏に骨ぞいに切り目を入れ、塩をふり、片栗粉をしっかり両面につける（ⓐ）。しょうがは薄切りに、とうがらしは半分に切り、種を取る。厚揚げはキッチンペーパーで油をよく拭き取り、3㎝角に切る。

② 厚手の鍋に植物油を入れて強火にかけ、油が熱くなったら鶏肉を皮目から入れ、両面に香ばしく焼き目をつける。キッチンペーパーで余分な油を拭き取り、皮目を上にしておく。

③ 強火のままA（にんにくは皮ごと）を加え、ひと煮立ちさせ、アクをひく。弱めの中火にしたら、Bを加える。さらにひと煮立ちしたら厚揚げを加え、全体にとろみがつくまで20〜30分煮る。

④ ③を器に盛り、ゆでて5㎝幅に切った小松菜を添える。

鶏肉につけた片栗粉で全体にとろみをつけるので、しっかりもみ込むようにして、片栗粉をたっぷりまぶします。

大きく骨つきのまま煮た鶏肉は、やわらかくてしっとりしています。皿の上でほぐしながら、ソースをからめて食べてください。にんにくの皮をむいてつけて食べてもおいしいです。黒酢と五香粉が混ざり、台湾っぽい香りと味わいになっています。

台湾腸詰風つくね

台式香腸餅

材料（直径6cmのつくね8個分）

豚肩ロースかたまり肉 —— 200g

ベルギーエシャロット —— 1個

豚ひき肉 —— 200g

A ｜ 卵 —— $\frac{1}{2}$個

　　紹興酒 —— 大さじ2

　　片栗粉 —— 大さじ2

　　きび砂糖 —— 大さじ1と$\frac{1}{2}$

　　しょうゆ —— 大さじ1

　　塩 —— 小さじ1

　　五香粉 —— 小さじ$\frac{1}{2}$

　　黒こしょう —— 少々

植物油 —— 大さじ2

紫玉ねぎ —— $\frac{1}{2}$個

香菜 —— 3株

作り方

① 豚肩ロース肉は、2〜3mmの角切りにする（ⓐ）。エシャロットはみじん切りにする。

② ボウルに①と豚ひき肉、Aを加え、よく混ぜ合わせる。ねばりが出て、全体がまとまってきたら8等分にし、円盤型に丸める（ⓑ）。

③ フライパンに植物油を入れ、強火にかける。油が熱くなったら、②を並べ入れ、中火にしてふたをし、両面を香ばしく焼き上げる。竹串を刺し、透明な汁が出てきたら、焼き上がり。

④ 器に盛り、薄切りにして水にさらし、水けをきった紫玉ねぎと、ざく切りにした香菜を添える。

タネはややべたべたする感触なので、あらかじめ手のひらに油か水をつけておくと、くっつきすぎず、成形しやすいです。

ちょっと甘くて五香粉が香る、台湾の腸詰風の味が食べたくて作ったつくねです。角切りにしたお肉がジューシーで、歯ごたえもあり、食感のポイントになるのでぜひ入れてください。そのままでもしっかり味つけしてありますが、これにちょっと辛みのあるケチャップのソース（ケチャップ大さじ5、サーチャー醬、豆板醬各小さじ1を混ぜる）を添えるのもおすすめです。

豚肉と高菜の辛子炒め

辣炒酸菜豬肉

材料（4人分）

豚ロース薄切り肉 —— 200g

日本酒 —— 小さじ1

しょうゆ —— 小さじ$\frac{1}{2}$

片栗粉 —— 大さじ1と$\frac{1}{2}$

高菜漬け —— 100g

ゆでたけのこ —— 100g

にんにく —— 1片

植物油 —— 大さじ$\frac{1}{2}$

とうがらし（輪切り）—— 小さじ1

A｜水 —— 大さじ2

　　日本酒 —— 大さじ1

　　しょうゆ —— 小さじ1

　　ごま油 —— 小さじ1

作り方

① 豚肉は太めの細切りにして、日本酒、しょうゆをよくもみ込む。さらに片栗粉をまぶし、よくもみ込む。

② 高菜漬けは細切りにして、味見をして塩辛すぎるようなら水で洗い、塩加減を調整する。たけのこはせん切りにし、湯通ししておく。にんにくは半分に切り、芯を取る。

③ フライパンに植物油を入れて強火にかけ、油が熱くなったら①を散らすように入れる。軽くほぐしたら中火にし、あまり触らないように、焼きつけるようにして炒める。香ばしく焼けたら、一度バットに取り出す。

④ そのままのフライパンに、にんにくを入れ、中火にかける。にんにくから香りが立ったら、とうがらし、高菜、たけのこを加え、ざっと炒める。取り出しておいた肉を戻し、全体を混ぜたら、Aをまわし入れ、水分にとろみがつくまで炒める。

豚肉にもみ込んだ片栗粉でとろみがつきます。ほぼ高菜漬けの塩で調味することになるので、塩分を抜きすぎないように。「ちょっとしょっぱいな」くらいがいいと思います。

豚肉の黒酢炒め

黒醋炒豬肉

材料（4人分）

豚肩ロースかたまり肉 —— 200g
塩 —— 少々
日本酒 —— 小さじ1
片栗粉 —— 大さじ1と$\frac{1}{2}$
赤パプリカ —— $\frac{1}{2}$個
黄パプリカ —— $\frac{1}{2}$個
しょうが —— 1片
植物油 —— 大さじ1
A｜水 —— 大さじ3
　｜しょうゆ —— 大さじ1
　｜黒酢 —— 大さじ1
　｜オイスターソース —— 小さじ1
黒こしょう —— 適量

作り方

① 豚肉は5cm長さの拍子木切りにして、塩、日本酒をよくもみ込む。さらに片栗粉をまぶし、よくもみ込む。

② パプリカは5cm長さの太めの細切り、しょうがは薄切りにする。

③ フライパンに植物油を入れて強火にかけ、油が熱くなったら①を散らすように入れる。軽くほぐしたら中火にし、あまり触らないように、焼きつけるようにして炒める。香ばしく焼けたら、一度バットに取り出す。

④ そのままのフライパンにしょうがを入れ、中火にかける。しょうがから香りが立ったらパプリカを加え、ざっと炒める。取り出しておいた肉を戻し、全体を混ぜたら、Aをまわし入れ、水分にとろみがつくまで炒め、黒こしょうをひく。

単純な組み合わせですが、白いごはんが進む炒め物です。豚肉に多めにもみ込んだ片栗粉でとろみがつくので、最後に加える調味料は液体だけで大丈夫。黒酢が強すぎず、オイスターソースが味わいを深めていて、やさしい風味が台湾っぽいと思っています。くり返し作る「わが家の味」でもあります。

鶏の梅黒酢煮

梅子黑醋燉雞

材料（4人分）

鶏手羽元 —— 500g

ゆで卵 —— 6個

A 水 —— 500㎖
　黒酢 —— 50㎖
　紹興酒 —— 50㎖
　梅干し —— 4個
　しょうが —— 1片
　にんにく —— 1片
　しょうゆ —— 大さじ3〜5
　黒砂糖 —— 大さじ4

作り方

① しょうがは薄切りに、にんにくは半分に切り、芯を取る。厚手の鍋にA を入れて強火にかけ、ひと煮立ちさせる。

② 火を中火にし、鶏肉を加える。ひと煮立ちしたらアクをひき、ふつふつと沸くくらいの、弱めの中火にする。ゆで卵を加え、上に落としぶたかクッキングペーパーをかぶせる。

③ 約40分煮て、鶏肉がやわらかくなったら火から下ろす。

鶏肉を黒酢と梅で煮る、ごはんが進む煮物。日持ちがするので多めに作っておくと便利。煮た梅干しも、おいしく食べられます。しょうゆを大さじ3〜5にしていますが、わが家で使っているしょうゆはさらっとしたタイプなので、少し多めかもしれません。初めに大さじ3くらいで煮て、途中で味見して、足すようにしてみてください。

p59 排骨ときのこフライ

台湾での定番の排骨と、夜市でよく見るきのこフライをひと皿に。本来は骨つき豚肉を使いますが、扱いやすいとんかつ用のお肉で。ロース肉で作ってもあっさりしておいしいです。何しろきのこフライは特に油がはねるので、衣でしっかりとコーティングを。

排骨ときのこフライ

金針菇炸排骨

材料（2〜3人分）

とんかつ用豚肩ロース肉 —— 3枚

片栗粉、薄力粉 —— 各大さじ3

A | しょうが（すりおろし）—— 大さじ$\frac{1}{2}$
　| にんにく（すりおろし）—— 小さじ1
　| 日本酒 —— 大さじ1
　| きび砂糖 —— 小さじ2
　| しょうゆ、五香粉 —— 各小さじ1
　| 塩 —— 小さじ$\frac{1}{2}$
　| 白こしょう（パウダー）—— 少々

エリンギ —— 4本

B | 日本酒、しょうゆ —— 各小さじ1
　| きび砂糖、五香粉 —— 各小さじ$\frac{1}{2}$
　| 白こしょう（パウダー）—— 少々
　| 塩 —— 少々

片栗粉 —— 大さじ2

薄力粉 —— 大さじ1

揚げ油（植物油）—— 適量

バジルの葉 —— 5〜6枚

作り方

① 豚肉は筋切りをする（赤身と脂肪との境に、包丁の刃先で数か所切り込みを入れる）。バットにAを入れてよく混ぜ、豚肉を漬け、冷蔵庫で30分以上おく。

② エリンギは縦半分、横半分の4等分に切る。ボウルにBを入れてよく混ぜ、エリンギを加え、よく混ぜる。水分がなくなったら片栗粉大さじ2、薄力粉大さじ1を加え、全体にしっかり粉をまぶす。

③ ①の豚肉の水分をキッチンペーパーでさっと拭く。バットに片栗粉と薄力粉各大さじ3を入れて混ぜ、豚肉の両面に、よくもみ込むようにして粉をまぶす。余分な粉をはたき、5分以上休ませる。

④ フライパンに植物油を深さ2cmくらい入れて強火にかけ、160〜170℃になったら、豚肉を入れる。まわりが固まったら中火にする。泡が小さくなり、全体的にカリッと香ばしく、箸で触って衣が固くなったら揚げ上がり。エリンギも揚げ、バジルの葉もさっと素揚げする。

⑤ 豚肉は食べやすい大きさに切り、器にエリンギ、バジルと一緒に盛り、白こしょう（分量外）をふりかける。

ゆでいか

燙魷魚

材料（4人分）

いか（胴の部分）—— 2杯分

長ねぎ（白い部分）—— $1/2$ 本

しょうが —— 1片

香菜 —— 2株

A | しょうゆ —— 大さじ1
  | 酢 —— 大さじ1
  | レモン汁 —— 大さじ1
  | きび砂糖 —— 小さじ $1/2$
  | 塩 —— 小さじ $1/4$

ごま油 —— 大さじ1

レモンの皮（無農薬）—— $1/2$ 個分

作り方

① いかは皮をむき、輪切りにする。長ねぎは白髪ねぎ、しょうがは針しょうがにして、それぞれ水にさらす。香菜はざく切りにする。

② ボウルにAを入れてよく混ぜ、砂糖と塩が溶けたらごま油を入れ、さっと混ぜる。レモンの皮はせん切りにする。

③ 鍋に湯を沸かし、日本酒を少々（分量外）入れ、いかを色が変わる程度にさっとゆでる。いかを器に盛り、水けをきった白髪ねぎ、針しょうが、香菜を添え、②のたれをまわしかけ、レモンの皮を散らす。

定番料理のゆでいか。台湾は、いかとえびをよく食べる食文化だと思います。こちらもいろいろな調味がありますが、レモン汁とレモンピールでさわやかに仕上げました。ラー油、花椒オイル（p22参照）を加えて辛くしてもおいしいと思います。新鮮ないかを、中はレアな感じで、さっとゆでるのがポイントです。

62

えびの台湾茶葉蒸し

台灣茶蒸蝦

材料（4人分）

えび（ブラックタイガー）── 12尾

台湾茶葉 ── 大さじ（山盛り）2
（文山包種茶）

日本酒 ── 大さじ2

作り方

① えびは背ワタを取り、塩と片栗粉（各分量外）をまぶして軽くもみ、水でよく洗い、キッチンペーパーで水けを拭く。

② ボウルにえび、台湾茶葉、日本酒を入れてさっと混ぜ、15分以上おく。

③ 器に②を入れ、十分に湯気の出た蒸し器に入れて強火で8〜10分蒸す。

台湾では龍井茶葉とえびを一緒に炒める料理がありますが、もっとシンプルに、蒸籠で蒸しました。茶葉は台湾茶の文山包種茶で、さわやかで青くやわらかい香りがえびによく合うと思います。ほかには、凍頂烏龍茶も合います。蒸す前に茶葉と日本酒とでマリネしておくことで、茶葉が開きやすくなり、香りがよりふくよかになります。蒸したての香りも素晴らしいですが、冷めてからえびに茶葉の香りがまわったのもおいしい。味つけはえびの持つ塩分だけなので、足りない場合は、蒸し汁と塩を混ぜたものをつけて食べてみてください。

揚げいか団子

炸魷魚丸

材料（12個分）

いか —— 200g
（もんごういか、胴の部分）

A｜ はんぺん —— $\frac{1}{3}$ 枚分

　　卵白 —— $\frac{1}{2}$ 個分

　　片栗粉 —— 大さじ2と $\frac{1}{2}$

　　植物油 —— 大さじ1

　　日本酒 —— 小さじ1

　　白こしょう（粉末）—— 少々

揚げ油（植物油）—— 適量

花椒塩（p24参照）—— 適宜

作り方

① いかは皮をむき、ひと口大に切る。フードプロセッサーに入れ、ざっと撹拌する。Aを加え、なめらかになるまで撹拌し、ボウルに移す。

② 鍋に植物油を深さ2cmくらい入れて強火にかけ、170〜180℃になったら、ひと口大に丸めた①を落とし、まわりが固まったら、上下を返しながらきつね色になるまで揚げる。

③ 器に盛り、花椒塩を添える。

台湾料理の定番。本来はいかに豚の背脂を入れて作りますが、あっさり味にして、はんぺんをつなぎに入れて、もっちりとした食感に仕上げています。いかは冷凍のもんごういかでも十分おいしくできます。いか本来の塩分だけなので、食べるときにお好みで花椒塩を添えて。

かじきまぐろの豆豉炒め

豆豉炒旗魚鮪魚

材料（2～3人分）

かじきまぐろ —— 切り身2枚（約200g）

日本酒 —— 小さじ1

塩 —— 少々

片栗粉 —— 大さじ1と$\frac{1}{2}$

豆豉 —— 大さじ1

しょうが —— $\frac{1}{2}$片

長ねぎ —— 1本

植物油 —— 大さじ1

A｜水 —— 大さじ3
　｜紹興酒 —— 大さじ2
　｜しょうゆ —— 大さじ$\frac{1}{2}$

作り方

① かじきまぐろは2㎝幅に切り、日本酒、塩をからめ、片栗粉を全体によくまぶしておく。豆豉は粗みじん切り、しょうがは太めのせん切りにする。長ねぎは縦半分に切り、斜め切りにする。

② フライパンに植物油を入れて中火にかけ、油が熱くなったら、かじきまぐろを入れ、両面を香ばしく焼き、バットに取り出す。

③ そのままのフライパンに、しょうが、豆豉を入れ、中火にかける。香りが立ったらAを加え、すぐに取り出しておいたかじきまぐろ、長ねぎを加え、全体にとろみがつくまで炒める。

豆豉

黒豆（黒大豆）を塩漬けにして発酵させ、干したもの。みそのような塩辛い濃い旨味があり、肉や魚のくさみを消す効果も。麻婆豆腐や回鍋肉などの味つけに使います。

豆豉の塩分が強いので、しょうゆは香りづけ程度に。かじきはぜひ生の切り身を。

さばのラー油焼き

辣油煎青花魚

材料（4人分）

さば —— 1尾
塩 —— 適量
黒こしょう —— 適量
植物油 —— 大さじ2
ラー油 —— 大さじ2
（p22参照、市販品でも可）

レモン —— 1個

作り方

① さばは3枚におろし、内臓を取り、腹骨をそぎ落とす。半身を4等分にして（合計8枚）皮目に切り込みを入れる。バットに並べ、両面に塩をふり、30分以上おく。水分が出たら、キッチンペーパーでよく拭き取り、黒こしょうをたっぷりと両面にひく。

② フライパンに植物油を入れて強火にかけ、油が熱くなったらさばを皮目から入れ、中火にしてふたをし、両面を焼く。キッチンペーパーで出た油をきれいに拭き取り、火を止め、ラー油をまわしかけてさばにからめる。

③ 器に盛り、4等分に切ったレモンを添える。

さばを香ばしく焼いて、最後にラー油をからめるだけ。単純ですが、お酒にもごはんにも合う主菜です。最初そのまま食べて、次にレモンを搾って食べると、違ったおいしさになります。ふり塩のみの塩分なので、足りない場合は上から少し塩をふってください。

じゃことピーナッツの炒め物

小魚花生

材料（4人分）
ちりめんじゃこ —— 50g
植物油 —— 大さじ2
無塩ピーナッツ（ロースト）—— 50g
にんにく —— 1片
とうがらし —— 1本
青ねぎ —— 5本
日本酒 —— 小さじ1
黒こしょう —— 適量

作り方

① フライパンに植物油、ちりめんじゃこを入れて中火にかけ、焦げないように混ぜながらゆっくりと揚げ焼きにする。香ばしく全体がきつね色になったら、キッチンペーパーの上にあけ、油分を取る。

② そのままのフライパンに（油が残っていないようなら、少し足す）、包丁の背でつぶして芯を取ったにんにく、半分に切り種を取ったとうがらしを入れ、炒める。にんにくから香りが立ったらピーナッツを加え、炒める。①を戻し、小口切りにした青ねぎ、日本酒を加え、ざっと炒める。火を止め、黒こしょうをたっぷりとひく。

こちらも台湾定番の小菜です。かりかりと揚がったじゃことピーナッツがあとをひき、ビールのおつまみにはもちろん、ごはんにかけてもとてもよく合います。

Part

4
スープと麺

日本の外食の味に慣れていると、台湾のスープの多くは
あまりの薄味にびっくりするかもしれません。
でも何口か続けて飲んでいるうちに、それが体にもやさしく
素材をしっかり味わえることがよく分かります。
麺の豊富さも、台湾料理の特徴。
麺は「台湾気分」を味わうのに気軽で
ひとりの食事にも、大人数のときにも活躍する
頼もしい存在です。

塩豆漿
シェンドウジャン

鹹豆漿

材料（1人分）

豆乳（成分無調整）—— 200㎖

干し桜えび —— 大さじ1

ザーサイ（みじん切り）—— 大さじ1

香菜 —— 適量

青ねぎ —— 適量

塩 —— 適量

ラー油 —— 適宜
（p22参照、市販品でも可）

黒酢 —— 適宜

作り方

① 小鍋に豆乳を入れて弱火にかけ、沸騰しないように温める。

② 器に干し桜えび、ザーサイ、ざく切りにした香菜と青ねぎ、塩を入れる。

③ ②に①を加える。好みでラー油、黒酢をまわしかける。

初めて台湾に行ったときに、市場の2階にある朝ごはん屋さん「阜杭豆漿」で食べたしょっぱい豆乳。ひと口食べたとたん「これは……！」と、大感激した塩豆漿です。最初のさらっとしたスープから、塩と酢の効用で、少しずつおぼろ豆腐のようになり、最後はとろっとした食感に変化します。こんなに単純な組み合わせなのに、しみじみおいしいと感じられるものがある台湾って、「本当にすごいな」と思います。

押し麦肉団子のスープ

蘿蔔丸子湯

材料（4人分）

〈スープ〉

長ねぎ —— 4本

大根 —— $\frac{1}{2}$本

しょうが —— 1片

にんにく —— 1片

水 —— 1.5ℓ

日本酒 —— 大さじ2

〈肉団子〉

押し麦 —— 50g

長ねぎ —— $\frac{1}{2}$本

しょうが —— 1片

A｜豚ひき肉 —— 200g

　｜鶏ひき肉 —— 200g

　｜絹豆腐 —— $\frac{1}{4}$丁

　｜卵 —— $\frac{1}{2}$個

　｜片栗粉 —— 大さじ2

　｜日本酒 —— 大さじ1

　｜ごま油 —— 大さじ$\frac{1}{2}$

　｜しょうゆ —— 大さじ$\frac{1}{2}$

　｜塩 —— 小さじ$\frac{1}{2}$

　｜黒こしょう —— 適量

作り方

① スープの長ねぎは5cm長さの筒切り、大根は皮つきのまま厚めのいちょう切りにする。しょうがは薄切り、にんにくは半分に切り、芯を取る。

② 鍋にスープの材料をすべて入れ、強火にかける。一度煮立ったら、アクをひき、ふつふつしないくらいの弱火にし、大根が透明になるまで煮る。

③ 押し麦は熱湯で約5分ゆで、ざるに上げて冷ます。肉団子の長ねぎとしょうがはみじん切りにする。

④ ボウルにAを入れ、ねばりが出るまでよく混ぜる。そこに③を加え、ざっと全体を混ぜる。

⑤ 中火にかけた②の鍋に、④をスプーンなどで丸く落としていく。アクが出たらひき、肉団子に火が通ったら火から下ろす。

押し麦

精白した大麦を蒸気で加熱して押しつぶし、火が通りやすくしたもの。食物繊維やタンパク質、ミネラルが豊富で、つるんとした弾力のある食感と、麦独特の風味が特徴です。

押し麦のつるっとした食感が特徴の肉団子。冬は卓上で仕上げて、鍋にするのもおすすめです。私は花椒オイル（p22参照）と黒酢をかけるのが好きですが、ごま油に塩もシンプルでおいしいですし、ラー油（p22参照）などで辛みを加えるのもいいと思います。最後に春雨やビーフン、そうめんを入れてスープを食べたり、お碗にごはんを入れて、上から肉団子とスープをかけてくずしながら食べるのもいいです。冬なら下仁田ねぎなど、太くて甘いねぎを使って作るのもおすすめです。

トマトとしょうがのスープ

番茄薑湯

材料（4人分）

トマト —— 1個
プチトマト —— 8個
しょうが —— 1片
鶏スープ（p15参照）—— 600㎖
日本酒 —— 大さじ1
塩 —— 小さじ $\frac{1}{4}$
ごま油 —— 大さじ $\frac{1}{2}$

作り方

① トマトは角切り、プチトマトは横半分に切る。しょうがはみじん切りにする。

② 鍋にスープを入れて中火にかけ、煮立たせないように気をつけながら、加熱する。アクが出たらひき、日本酒、塩を加え、味を調える。

③ ①を加え、トマトが温まり、スープに酸味が移ったら、ごま油を加え、火を止める。

トマトの酸味と香りを楽しむ、やさしい風味のスープ。中華ではこれに卵を入れたスープがよくありますが、トマトの風味をシンプルに楽しむレシピにしてみました。ここにそうめんを加えてもいいと思います。

豆のスープ

碗豆湯

材料（4人分）

スナップえんどう豆 —— 10本

鶏スープ（p15参照）—— 600㎖

日本酒 —— 大さじ1

塩 —— 小さじ $\frac{1}{4}$

ごま油 —— 小さじ1

作り方

① スナップえんどう豆は筋を取り、5㎜幅の小口切りにする。

② 鍋にスープを入れて中火にかけ、煮立たせないように気をつけながら、加熱する。アクが出たらひき、日本酒、塩を加え、味を調える。

③ ①を加え、スナップえんどう豆の緑が濃くなり、スープに豆の香りが移ったら、ごま油を加え、火を止める。

台北にある雲南料理店でいただいた豆のスープが忘れられなくて、作ったレシピです。メニューにはグリーンピースと書いてありましたが、出てきたものは本当に小さな粒で、青くさくなく、緑の豆の清々しい香りと甘さのある、澄んだ味のスープでした。日本で手に入る素材では、スナップえんどう豆がいちばん近い味わいだと思います。はかない香りと甘さですが、サクサクとしたさやの食感もいい。食事の最初に食べるのがおすすめです。

酸辣湯
サンラータン

酸辣湯

材料（4人分）

にんじん —— 1/3本

きくらげ（戻したもの）—— 5株

ゆでたけのこ —— 1/3個

セロリ —— 1/3本

しょうが —— 1/2片

絹豆腐 —— 1/4丁

スープ —— 800㎖
（鶏、豚合わせて、p14〜15参照）

A｜黒酢 —— 大さじ2
　｜しょうゆ —— 大さじ1
　｜日本酒 —— 大さじ1
　｜塩 —— 小さじ1
　｜白こしょう（パウダー）—— 少々

片栗粉 —— 大さじ1

水 —— 大さじ1

卵 —— 1/2個

ラー油 —— 適量
（p22参照、市販品でも可）

作り方

① にんじん、きくらげ、たけのこ、セロリ、しょうがは、すべて同じ太さのせん切りにする。豆腐は拍子木切りにする。

② 鍋にスープを入れて強火にかけ、一度沸騰させ、アクをひく。中火にし、①を加えて煮る。

③ にんじんに火が通ったら、Aを加える。片栗粉を同量の水で溶いたものを加え、全体にとろみをつける。

④ 溶き卵をゆっくりとまわし入れる。卵に火が通ったら、火から下ろす。器に盛り、ラー油をまわしかける。

台湾では粉もののお店には必ずある酸辣湯。まわりを見まわすと、お客さんが本当によく注文しています。台湾のものは、あまり辛くないので、最後にかけるラー油で好みの辛さに調節してください。ちなみにここに麺を加えるのもおすすめで、北京料理系のお店に行くと、刀削麺が入った酸辣湯があり、これもおいしいです。

鶏と干ししいたけのシンプルスープ

香菇雞湯

材料（4人分）

骨つき鶏もも肉 —— 600g（3〜4本）

長ねぎ —— 1本

干ししいたけ —— 6枚

にんにく —— 2片

しょうが —— 1片

水 —— 2ℓ

日本酒 —— 200㎖

紹興酒 —— 100㎖

黒粒こしょう —— 5粒

塩 —— 少々

作り方

① 鶏肉は、関節のところで半分に切る。長ねぎは5㎝幅の筒切り、にんにくは半分に切り芯を取る。しょうがは薄切りにする。干ししいたけは水で戻し、石づきを取る。

② 厚手の鍋に、干ししいたけ以外の材料をすべて入れ、強火にかける。沸騰しないように気をつけて、アクをひいたら、干ししいたけを加える。ふつふつとせず、鍋全体が対流する程度の弱めの中火にし、アクが出たらそのつどひきながら、約1時間煮る。

③ 味見をして、スープ全体の味が調っていたら、火から下ろす。

滋養のある鶏のスープ。台湾料理では鶏スープは蒸して作りますが、鍋で作る方法にアレンジしました。火加減が大事なので、水面は動かず、中が対流している程度を必ず目で確認してください。本来は干ししいたけが入りませんが、実家は鶏のスープと言えば必ず干ししいたけを入れる家だったので、その習慣が私にも根づいていて、加えてみました。寒い日はもちろん、夏の暑い日に、体を休めるためにいただくのもいいと思います。初めに加えた以外、塩は入っていませんが、塩分が少ないほうが、スープ自体の味わいが分かりやすくなります。お好みで加減してください。鶏やほかの具材は、花椒塩（p24参照）や、ごま油と塩、黒酢やラー油などで食べ、スープはそのままいただくのがおすすめです。

台湾風汁ビーフン

米 粉 湯

材料（2人分）

ビーフン —— 60g

にら —— 4本

香菜 —— 適量

もやし —— ひとつかみ

鶏スープ（p15参照）—— 400mℓ

日本酒 —— 大さじ1

塩 —— 少々

揚げエシャロット —— 適量

黒こしょう —— 適量

香油 —— 適量
（p22参照、なければごま油）

作り方

① ビーフンは水につけて戻し、さっとゆがいて、食べやすい長さに切る。にらと香菜はざく切りにする。

② 鍋にスープを入れて強火にかけ、ひと煮立ちさせてからアクをひく。弱めの中火にし、日本酒、塩で味を調える。煮立たせないように気をつけて、もやしとにらを加え、さっと火を通す。

③ 器にビーフンを入れ、スープを具ごと注ぐ。上に香菜、揚げエシャロットをのせ、黒こしょうをひき、香油をまわしかける。

ビーフン

うるち米の粉で作った麺の一種で、中国の福建省や台湾でよく食べられています。火が入りやすいので小腹がすいたときさっと作れて便利。乾燥しているので長期保存が可能です。

澄んだスープの汁ビーフンは、台湾の代表的な麺類のひとつです。塩分は「ほんのり」ぐらいが、台湾らしいおいしさになります。具は野菜だけですが、シンプルなスープには、これくらいがちょうどいいと思います。香油を作ったら、かけてみると味わいがぐんとよくなります。揚げエシャロットもあれば、ぜひ。

担仔麺
タンツー

擔仔麺

材料（4人分）

中華麺 —— 2玉

にんにく —— 1片

しょうが —— 1片

植物油 —— 大さじ1

干しえび —— 大さじ1

スープ —— 600mℓ
（鶏、豚合わせて、p14〜15参照）

A｜日本酒 —— 大さじ2

　｜しょうゆ —— 大さじ1

　｜塩 —— 小さじ $\frac{1}{4}$

えび —— 4尾

にら —— $\frac{1}{2}$ 束

もやし —— $\frac{1}{2}$ パック

香菜 —— 適宜

魯肉風煮豚そぼろ（p10参照）—— 適量

作り方

① にんにくはみじん切り、しょうがは薄切りにする。にら、香菜はざく切りにする。

② 鍋に植物油、にんにく、しょうが、干しえびを入れて中火にかけ、香りが立つまで炒める。スープを加えてひと煮立ちさせ、アクをひいたら、Aを加え、味を調える。

③ 麺を好みの固さにゆでる。その間に②に殻をむいたえび、にら、もやしを加え、えびに火が通るまで煮る。

④ 器に麺を入れ、スープを（しょうが以外の）具ごと注ぎ、上にそぼろ、香菜、えびをのせる。

台湾では一度は食べたい担仔麺。台南で食べた担仔麺は、南の地方らしく、台北で食べたものよりも味が濃く、にんにくが効いていました。えびの香りと少し甘くてコクのある出汁、少量の麺がお腹にちょうどよくて、中華麺とビーフン、両方を楽しみました。こちらのレシピも、ビーフンにかえてもおいしいスープです。屋台やお店で食べる代表的な「小吃」（軽食のこと）なので、分量も小ぶりにしています。

台湾風あえ麺

台式拌麺

材料（4人分）
ひやむぎ —— 2束

〈トッピング・調味料例〉
香菜 —— 適量
芹菜（中国セロリ）—— 1束
きゅうり・セロリ —— 各$\frac{1}{2}$本
豆苗・小松菜 —— 各$\frac{1}{2}$束
ラー油 —— 小さじ4
（p22参照、市販品でも可）
香油（p22参照）—— 小さじ4
黒酢 —— 大さじ4
しょうゆ —— 適量
えび塩（p24参照）—— 適宜
ピーナッツとうがらし塩（p24参照）—— 適宜
揚げエシャロット —— 適宜

作り方
① 香菜、芹菜はざく切り、きゅうり、セロリはせん切りにする。豆苗、小松菜はさっとゆでて食べやすい長さに切る。
② ひやむぎをゆで、好みの固さになったら、そのまま器にひき上げる。
③ 上に野菜をのせ、調味料をまわしかけ、全体を混ぜていただく。

台湾では汁なしのあえ麺のことを「乾麺」と呼びます。麺とほんの少しの具、そのお店の独自の調味料であえていただきます。ご家庭で大人数で食べるときは、大きな鍋にひやむぎをゆでて鍋ごとテーブルに出し、切った野菜、調味料をいろいろと並べておくのがおすすめ。各自で器に麺を入れ、好きな野菜をのせ、調味料で味つけをして食べます。残ったゆで汁は、器に残った調味料に加えると、スープとしていただけます。

豆乳麺

豆乳麺

材料（2人分）

ひやむぎ —— 1束

青ねぎ —— 2本

セロリ —— $\frac{1}{3}$本

ザーサイ（薄切り） —— 6枚

鶏スープ（p15参照） —— 200㎖

豆乳（成分無調整） —— 200㎖

塩 —— 少々

ラー油 —— 適量
（p22参照、市販品でも可）

香油 —— 適量
（p22参照、ごま油でも可）

黒酢 —— 適量

しょうゆ —— 適量

作り方

① 青ねぎは小口切り、セロリとザーサイは5㎜のさいの目切りにし、全部を混ぜておく。

② 鍋に鶏スープと豆乳を入れ、中火にかける。煮立たせないように気をつけながら温め、塩で味を調える。

③ ひやむぎをゆでる。器に②のスープを注ぎ、ひやむぎを加え、上に①の薬味をのせる。ラー油、香油、黒酢、しょうゆなど好みの調味料をまわしかけ、いただく。

上にのせるザーサイが塩分を含んでいて、調味料も加えるので、スープ自体は、ほんの少し塩けを感じる程度にしておくといいです。青ねぎ、セロリ、ザーサイを混ぜた薬味は、あえ麺やごはん、ゆで豚、ゆで鶏、冷や奴にといろいろ使えるので、一度にたくさん作っておくと便利。そのままでも、酢やラー油をかけて食べてもおいしいです。

あさり麺

蜊 蠣 麺

材料（2人分）
そうめん —— 2束
あさり —— 12個
しょうが —— 2片
香菜 —— 適量
ごま油 —— 大さじ1
日本酒 —— 大さじ2
水 —— 400㎖
塩 —— 適宜
黒こしょう —— 適量

作り方

① あさりは塩水（分量外）につけ、上にアルミホイルなどをかぶせて15分以上おき、砂抜きをしたあと、流水で殻をごしごしとすり合わせるようにて洗う。しょうがはせん切り、香菜はざく切りにする。

② 鍋にごま油、しょうがを入れて強火にかけ、しょうがから香りが立ったら、あさりを加えてさっと炒め、日本酒を加え、ふたをする。あさりの口が開いたら水を加え、ひと煮立ちさせ、アクをひく。塩で味を調える。

③ そうめんをゆで、ざっと水洗いする。器にそうめんを入れ、スープをあさりと一緒に注ぎ、香菜をのせ、黒こしょうをひく。

あさりの出汁がよく出たスープです。塩だけで調味してシンプルに仕上げていますが、ナンプラーで味つけしてもおいしい。あまり塩分を強くしないほうが、出汁の味わいがよく分かります。こしょうはたっぷりかけてください。

5
粉ものとごはん

台湾は粉もの天国！
街歩きをしていると、いたるところで粉をこねて
焼いたり蒸したりしている姿を見かけます。
丼ものやちまきなど、ごはんものも豊富で
どれも胃疲れしないやさしい味わい、期待を裏切らないおいしさ。
粉ものは作る行為自体も楽しいので
友人が集まったごはん会で
みんなでわいわい言いながら作って食べるのもおすすめです。

台湾風クレープ

蛋餅皮

材料（7〜8枚分）

薄力粉 ── 100g

強力粉 ── 100g

塩 ── 少々

ぬるま湯 ── 400㎖

作り方

① ボウルに合わせてふるった薄力粉と強力粉、塩を入れ、全体を泡立て器で混ぜる。

② ①にぬるま湯（40〜50℃、お風呂くらいの温度）を少しずつ加え（ⓐ）、泡立て器で混ぜる。ラップをして、常温で1時間以上生地を寝かす（ⓑ）。

③ フッ素樹脂加工のフライパンを中火にかけ、②の生地を流し入れる。表面とまわりが乾き、持ちやすくなったら裏返し、焦がさないように気をつけながら両面を焼く（ⓒ）。乾燥しないようにキッチンクロスなどに挟み、次の生地を焼く（ⓓ）。

「こねる必要がなく、思い立ったときに気軽にできるものを」と、作るようになった生地です。クレープのように焼くので薄く作れて、いろんな具材を挟むのにぴったり。焼き上がった直後は「固いかな？」と思っても、クロスに挟んでいるうちに、もちもちしてきます。倍量作って、半分は1枚ずつラップで包み、冷凍保存しても（約2カ月間保存可能）。次ページの蛋餅や潤餅がすぐ作れますし、きび砂糖や黒砂糖をふり、くるくると巻いてデザート風に食べるのもおすすめ。

蛋餅
ダンピン

蛋餅

材料（2枚分）

台湾風クレープ生地 —— 2枚
（p86参照）

卵 —— 2個

青ねぎ —— 3本

塩 —— 少々

植物油 —— 少々

作り方

① ボウルに卵を割り入れ、小口切りにした青ねぎ、塩を加えてざっと混ぜ合わせる。

② フライパンに植物油を入れて中火にかけ、油が熱くなったら、①の卵を半量広げて、薄焼き卵を作るように、好みの固さに焼く。

③ 上にクレープ1枚をのせ、くっつけるようにしたら、皿にひっくり返してのせる。3つ折りにたたみ、好みの大きさに切る。もう1枚も同様に焼く。

台湾での朝ごはんの定番、蛋餅。朝ごはん屋さんに行くと、必ず注文します。焼きたてのもちもち具合が豆漿とよく合い、これを食べるたびに「台湾に来たなあ」と思う一品です。卵の焼き加減は、半熟でもきっちり焼いたものでも、お好みで。

潤餅
ルンビン

潤餅

材料（4本分）

台湾風クレープ生地 —— 4枚
（p86参照）

にんじん —— $\frac{1}{2}$本

きゅうり —— $\frac{1}{2}$本

セロリ —— $\frac{1}{2}$本

もやし —— $\frac{1}{4}$袋

香菜 —— 3株

アルファルファ —— $\frac{1}{6}$パック

厚揚げ —— $\frac{1}{3}$枚

無塩ピーナッツ（ロースト） —— 20g

きび砂糖 —— 適量

塩 —— 適量

チリソース —— 適量

作り方

① にんじん、きゅうりはせん切り、セロリは斜め薄切りにする。もやしは
ゆでて、冷ます。香菜はざく切り、アルファルファは水で洗い、水けを
よくきる。厚揚げは細長く切り、湯通しをして、水けをきる。ピーナッ
ツは皮をむき、フードプロセッサーで細かくするか、包丁でみじん切り
にする。

② 台の上にキッチンクロスなどを敷き、クレープを1枚のせ、両端を各2
cmほど残し、下のほうに具材を好みの量のせる。上からピーナッツ、
きび砂糖、塩、チリソースをかけ、両端を折り込み、手前からきっちり
と巻き込む。好みの大きさに切って器に盛る。

夜市や市場などで見かける潤餅。台湾では米粉で作った大きな生地で、もっとたくさんの
具材をくるんでいます。細かくしたピーナッツときび砂糖が味のポイントになってきます
ので、ぜひお忘れなく。クレープを2枚ずらして重ね、大きく作るのもいいと思います。

葱餅
（ツォンビン）

葱油餅

材料（4枚分）

強力粉 —— 125g

薄力粉 —— 125g

塩 —— 小さじ $\frac{1}{4}$

熱湯 —— 120mℓ

青ねぎ —— 4本

ごま油 —— 小さじ4

塩 —— 適量

黒こしょう —— 適量

植物油 —— 適量

作り方

① ボウルに合わせてふるった強力粉と薄力粉、塩小さじ $\frac{1}{4}$ を入れ、全体を菜箸で混ぜる。

② 熱湯を少しずつ加え、菜箸で混ぜる。生地がボロボロと結合してきたら、手で全体をまとめていく。ひとまとめになるまでボウルの中でこねたら、ラップで包み、常温で1時間以上寝かせる。

③ 生地を2等分にする。台の上にクッキングシートを敷き、丸めた生地を麺棒で20×30cmくらいの大きさまで薄くのばす。上にごま油小さじ2をたらし、手で全面に広げる。上を1cmほどあけ、小口切りにした青ねぎ半分、塩、黒こしょうを全面にふりかける。

④ 端を折り込み、手前から巻き込むように丸める（ⓐ）。棒状になったら、半分に切り（ⓑ）、切り口をきっちりと留めて、絞るようにしながらひねり（ⓒ）、それをつぶして円盤型にする（ⓓⓔ）。

⑤ ④をクッキングシートの上にのせ、上からもシートをのせて挟み、麺棒で直径17cmくらいの大きさに丸くのばす。残り半分も同様にして作る。

⑥ フライパンに植物油を入れて中火にかけ、油が温まったら生地を入れ、ふたをして両面香ばしく焼く。焼き上がったら食べやすい大きさに切る。

ⓐ

ⓑ

ⓒ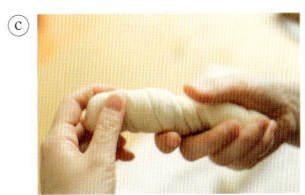

ⓓ

ⓔ

台湾の葱餅は薄いタイプが多くて香ばしく、生地と油分がパイのように層になっているものが多いです。焼き方にも特徴があり、ヘラのようなものでざくざくと切り目を入れて、空気を入れながら全体をもみほぐすようにして焼きます。さすがに、この焼き方は家庭では難しいので、シンプルに切り分けました。現地では蛋（卵）つきとなしなどがあり、シンプルなほうをいつも頼んでしまいますが、蛋餅（p88参照）の作り方と同じようにして、卵を焼きつけてもいいですよ。

春餅
<small>チュンビン</small>

春餅

材料（約16枚分）

強力粉 —— 125g

薄力粉 —— 125g

塩 —— 少々

ぬるま湯 —— 120㎖

植物油 —— 適量

作り方

① ボウルに合わせてふるった強力粉と薄力粉、塩を入れ、全体を菜箸で混ぜる。

② ぬるま湯（40〜50℃、お風呂くらいの温度）を少しずつ加え、菜箸で混ぜる（ⓐ）。生地がボロボロと結合してきたら、手で全体をまとめていく。ひとまとめになるまでボウルの中でこねたら、ラップで包み、常温で1時間以上寝かせる。

③ 生地を2本の棒状にのばし、1本を8等分に切り、丸める。手のひらで軽く押しつぶし、ひとつの片面に植物油を少しつけ（ⓑ）、もうひとつの生地をのせて重ね、端を閉じるようにしながら円盤型に広げる（ⓒ）。台に打ち粉（分量外）をし、麺棒で生地を直径14㎝くらいに丸くのばす（ⓓ）。残りの生地も同様にして作る。

④ フライパンを中火にかけ、温まったら生地を入れ、両面に香ばしく薄く焼き目がつくまで焼く（ⓔ）。熱いうちに2枚にはがす（油を塗っているのではがれる／ⓕ）。乾燥しないようにキッチンクロスに挟みながら、次の生地を焼く。

立春に食べるお祝いの食べ物。いろいろなお好みの具材を、卓上で包みながら食べるのが楽しいです。ゆで鶏には甜麺醤を、羊には辛いケチャップソースをつけてどうぞ。

<具材例>

◎ゆで鶏（p15参照）—— 適量

◎にんじん（せん切りにして、塩もみする）—— $\frac{1}{2}$本分

◎もやし（ゆでる）—— $\frac{1}{4}$袋

◎きゅうり（せん切り）—— $\frac{1}{2}$本分

◎セロリ（せん切り）—— $\frac{1}{2}$本分

◎香菜 —— 適量

◎無塩ピーナッツ（ロースト、細かく刻む）—— 適量

◎甜麺醤（p94参照）—— 適量

◎辛いケチャップソース —— 適量

　ケチャップ大さじ3 ＋ サーチャー醤小さじ1 ＋ ラー油小さじ1を混ぜる。

◎羊の西安風炒め

　ラムロース肉200gは太めの拍子木切りにする。ボウルに肉とたれ（クミンパウダー、コリアンダーパウダー、クミンシード、つぶしたコリアンダーシード各大さじ1、すりおろしたしょうがとにんにく各大さじ1、カレー粉小さじ1、塩小さじ$\frac{1}{4}$、香油［p22参照］大さじ1）を入れ、よくもみ込んで約15分寝かせる。フライパンに植物油小さじ1を入れて中火にかけ、油が熱くなったら肉を入れ、香ばしく香りが立つまで炒める。

牛肉捲餅
ニョウロウジュエンビン

牛肉捲餅

材料（4本分）
春餅（p92参照）── 4枚
牛薄切り肉（すき焼き用）── 2枚
きゅうり ── $\frac{1}{2}$本
長ねぎ ── $\frac{1}{2}$本
甜麺醤 ── 適量

作り方
① 牛肉は色が変わる程度にゆでて、水けをしっかり拭く。きゅうりは細切りにする。長ねぎは縦半分に切り、斜め薄切りにして水にさらし、辛みが少し抜けたら水けをしっかりきる。
② 春餅生地に甜麺醤を塗り、きゅうり、長ねぎ、牛肉を手前におき、くるりと巻き込む。食べやすい大きさに切る。

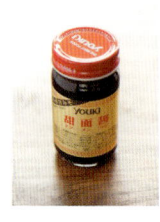

甜麺醤
テンメンジャン

小麦粉と塩を混ぜ、特殊な麹を混ぜて醸造したみそのこと。日本の八丁みそに、砂糖を加えたものと味が似ています。そのままでも食べられて、回鍋肉や北京ダック、麻婆豆腐などに使われます。

北京系のレストランには必ずある餅。本来はブロック状のままゆでた牛肉を切ったものと、きゅうり、長ねぎが巻いてあります。手軽に薄切り肉で作れるようにアレンジしました。単純な組み合わせですがおいしく、入ったお店にあると分かると、ついオーダーしてしまう一品です。ちなみに台湾風クレープ生地（p86参照）で巻いてもおいしいです。

油飯
<ruby>油<rt>ユー</rt></ruby><ruby>飯<rt>ハン</rt></ruby>

油飯

材料（作りやすい分量）

もち米 —— 1合

白米 —— 1合

干ししいたけ —— 5枚

干しえび —— 大さじ1

豚肩ロースかたまり肉 —— 100g

ベルギーエシャロット —— 1個

香油（p22参照）—— 大さじ1

A | 紹興酒 —— 大さじ1
　 | 塩 —— 小さじ $\frac{1}{4}$
　 | 白こしょう —— 適量

B | 鶏スープ（p15参照）—— 170㎖
　 | 干ししいたけの戻し汁 —— 100㎖
　 | しょうゆ —— 大さじ2
　 | オイスターソース —— 小さじ1

むき甘栗 —— 100g

香菜 —— 適宜

作り方

① もち米と白米は水で洗い、1時間以上浸水させておく。干ししいたけ、干しえびは、水につけて戻す。

② 豚肉は3㎜の角切り、エシャロットはみじん切りにする。戻した干ししいたけは軸を取り、粗みじん切りにする。

③ フライパンに香油を入れて中火にかけ、油が熱くなったらエシャロット、豚肉を加えて炒める。豚肉の色が変わったら、干ししいたけ、干しえびを加え、炒める。Aを加え、水分がなくなるまで炒めて、火から下ろす。

④ 炊飯器に水けをきったもち米と米、Bを加え、③の具を上にのせ、さっと混ぜて炊く。

⑤ 炊き上がったら甘栗をのせ、約10分蒸らす。全体を混ぜ、器に盛り、好みで香菜を添える。

市場などでよく売っている、もち米の中華おこわ。ちまきは作るのが少し大変ですが、油飯は炊き込みごはんのように気軽に作れるレシピです。最後に加える甘栗はお好みで。

鶏肉飯
ジーローハン

雞肉飯

材料（2人分）

ゆで鶏 —— 1/3枚分
（むね肉、p15参照）

ベルギーエシャロット —— 1個

しょうが —— 1/2片

香油 —— 大さじ 1/2
（油のみ、p22参照）

A　鶏スープ（p15参照）—— 100㎖
　　酢 —— 大さじ 1
　　しょうゆ —— 大さじ 1
　　塩 —— 少々
　　黒こしょう —— 適量

ごはん —— 茶碗 2杯分

小松菜（ゆでたもの）—— 適宜

香菜 —— 適宜

作り方

① ゆで鶏は繊維にそって、食べやすい大きさにちぎる。エシャロットはみじん切り、しょうがはせん切りにする。

② フライパンに香油を入れて中火にかけ、油が熱くなったらエシャロット、しょうがを加え、炒める。香りが立ったらAを加える。煮立ったら、火から下ろす。

③ 器にごはんを盛り、①の鶏肉をのせ、②のたれをかける。お好みで小松菜、香菜を添える。

豚肉の「魯肉飯」、鶏肉の「鶏肉飯」は、台湾で食べてみたいごはん物です。鶏肉飯は台中が発祥ですが、もちろん台北でもたくさん見かけます。本来は酢は入れませんが、鶏肉に少し酸味のあるソースが合うし、暑い時期にぴったりです。

私が好きな台湾のこと

私の台湾好きは、約20年前、図書館でのある本との出会いからはじまります。その本は、柴田書店から出ていた各都市、各国の食文化に特化したシリーズの中の一冊、『食在台湾』。当時は、食べ物がおいしい中華圏の観光地というと香港が人気で、私自身、台湾という地をきちんと認識していなかったと思います。けれどこの本を開いたときに、何というか、「あ、ここだ！　絶対に好きだ。ここにいつか行くんだ」と、確信めいたものを感じました。豊富な写真と文章で、料理の特徴や食状況とともに台湾の歴史や食文化の概要なども記されており、サブタイトルには「街角の名菜・名小吃　食は台湾にあり」の文字。その言葉通り、街中の風景にいる人々は、当たり前に、おいしそうに、見たことのあるような、ないようなものを食べていました。いわゆるレストランで出てくるような華やかで台湾らしさがある中華料理もありましたが、何しろ目を奪われたのは、街角で気軽に食べられているものたち。特に朝ごはんの風景に目は釘づけになりました。豆漿、米漿（ミージャン）（お米で作ったドリンク）、いろんな粉ものたち。ごまのついた長方形のパンのようなものは窯で焼かれて、お饅頭は蒸され、油條（ヨーティアオ）（揚げパン）は香ばしく揚げられています。麺類、スープ類も豊富で、どれも色味が薄くとろみがついているものも多く、そんなに濃い味ではない雰囲気。おむすびは、どうやらもち米で、見たことのない具が入っている。魯肉飯も鶏肉飯もビーフンも、もちろん街中にあります。甘いものも、豆花（ドウホァ）（豆乳が原料の台湾の伝統的なデザート）に愛玉子（アイユイ）（つる性の植物の果実から作るゼリー）がつるんぷるんとおいしそう。かき氷も見たことのない大きさと具で、妄想に拍車がかかります。

ページを開くたびに胸が高揚し、何度となく台湾という土地に思いをはせました。その後台湾を何度か訪れましたが、最初のすり込みなのでしょうか、この本に載っていて気になったものは、ほとんど食べたかもしれません。何気なく手にしたこの本と出会えたことで、こんなにも異国への興味を繋げてくれて、感謝しています。

台湾に魅了されて、台湾関係の本を探すのが習慣になり、そこで出会ったのが青木由香さんの本でした。最初に手にしたのが『台湾　ニイハオノート』（JTBパブリッシング）。それまで台湾を紹介する本というと、ガイド的なものか、ア

ジア旅特有のごちゃっとした感じの本が多かったのですが、私と同世代の方が現地に住みつつ、「台湾のここが好き、ここがおもしろい！」という気持ちを偏愛的に書かれているのが、とても新鮮に感じられました。その後『好好台湾』（メディア・パル）、『奇怪ねー台湾』（東洋出版）という本も出されています。どの本も、台湾の人々のおもしろさとやさしさに焦点を合わせ、その人たちに愛情と興味を持ち、正面から向き合っていることが感じられるところが特に、この本たちへの愛着となっているのかもしれません。

『安閑園の食卓』（集英社文庫）は、料理関係のお仕事をされている方にプレゼントしていただきました。台湾を調べはじめると、「食は台南にあり（食在台南）」という言葉に出会います。台湾の古都と言われ、おいしいものの発祥の街。いつかは行ってみたいとずっと思っていた地です。その台南を舞台にした本。心躍り、ページをめくりました。華僑文化が色濃く残る時代、台南で生活する一家に生まれた辛永清さんという女性（のちに来日され、料理研究家になられます）による、食エッセイ。子どもが大人になる時期に通過儀礼的に食べる、鶏まるごと一羽の蒸し焼きや、毎日庭にくだものを取りに行く様子、翡翠の腕輪をしたお母さまが薪を割る姿、お父さまの誕生日の盛大な宴会の模様など、家族の関係性や台南の大らかな自然、そして圧倒的に豊かな食文化・食生活が、著者の鮮明な記憶力によって丹念に描かれていきます。「一気に読むのがもったいない！」と、ゆっくり1章ずつ大切に読み進めました。章末ごとにあるレシピも普段の生活や料理店でよく食べるというものではなく、その章に出てくる象徴的なものを紹介文とともに記載してあります。興味深いものが多く、空想するのにはもってこいの料理たちです。この本を読み、台南への憧憬は深まるばかりで、昨年ようやく訪れることができましたが、魅力の一部にふっと触れただけでしたので、これから何度も訪れて、物語のあとを追えたらと思っています。

台湾の朝ごはん

唐突ですが、朝ごはんが大好きです。台湾は夫婦共働きが基本なので、外食文化がとても発達しており、朝食も外でとる人が多く、いろんな朝ごはんを選ぶことができます。旅行者としては、まずホテルの朝ごはんですが、中華、台湾食、洋食、和食と、朝からどこから手をつけ

ていいのか分からないほどの種類が並んでいます。中華はお粥、炒飯、麺類、蒸し物にあえ物。台湾特有の豆漿、汁ビーフン、担仔麺に小菜、台湾のおいしいくだものたち。洋食も焼きたてのペストリーにパン、フレンチトースト、パンケーキに卵料理、サラダ、できたてのフレッシュジュース。和食もひと通りあります。

街角でも、おいしいものがたくさん。必ず行く朝ごはん屋さんでは、しょっぱい豆漿、甘い豆漿、蛋餅、窯で焼いたごまつきパンに卵焼きを挟んだもの、おもしろい具のもち米の台湾おむすび、甘い具の小さなパイ。これらの中から、その日食べたいものを選んで食べます。または、街角にたくさんあるコーヒーショップに入って、朝ごはんを食べるのも好きです。窓辺の席に座って、そのお店の朝ごはんのメニューを友人たちと話しながら食べ、道行く人を眺めます。フルーツティーを頼むと、驚くほどフルーツが入っていたりと台湾らしい発見があったりします。朝市に行って、ぶらぶら歩きながら食べるのも楽しい。生のフルーツを搾ったジュースを飲んで、気になるものを少しずつ試しながら、進みます。桶から出して売ってくれる干ししいたけと干しえびの出汁の効いた油飯に、蒸し焼きにした饅頭。緑豆や小豆のデザート、豆花もあるので、甘いものが食べたくなっても大丈夫。季節になると枝で括られて売られるライチも、簡単にむけるので歩きながら食べられます。パン屋さんも多いので、おもしろい具のパンや見たことのないパンを食べてみてもいいと思います。歩き疲れたら、コーヒーショップに入って、コーヒーや紅茶、台湾茶で、喧騒を離れてゆっくりとしても。タクシーに乗ってオーガニックスーパーに行き、洗練された焼きたてのパンに搾りたてのジュースやコーヒーを頼むのもおすすめ。こんなにも朝ごはんの選択肢があるというのは、朝ごはん好きにとっては、台湾は極楽みたいな場所なのです。

お茶と
お菓子のこと

台湾が好きなのは、台湾のお茶に出会ったことも大きな要因かもしれません。フランス紅茶店で働いていた頃、「凍頂烏龍茶」というお茶を知りました。それまでの中国茶のイメージは、発酵度が高く、水色（すいしょく）の濃いいわゆる「烏龍茶」。低発酵で水色が淡く、香りが甘くて清々しさも残ったお茶と出会い、「びっくりした」というのが正直な気持ちで、すぐに「台湾」と「お茶」というキーワードを探す日々になり

ました。台湾のお茶は産地によって異なりますが、軽発酵から重発酵のものまで種類が豊富です。「青茶」と呼ばれる「凍頂烏龍茶」「文山包種茶」などが特に好みですが、福建省とは異なる作り方の「木柵鉄観音」や、香りが素晴らしい「東方美人」、も好きです。

お茶に合うお菓子が多いのも、台湾の魅力です。代表的なのは「パイナップルケーキ」で、やわらかめのクッキー生地の中にパイナップルジャムを入れ、焼いたもの。お店ごとに独自の味わいがあり、お好みのものを見つけるのも楽しい。「茶梅」と呼ばれる、お茶に漬け込んだ梅もおいしく、お土産にもおすすめ。それと、茶藝館では、お菓子と一緒にドライフルーツやナッツ類が出されるのも特徴的です。ドライフルーツはマンゴー、パイナップル、パパイヤなどが多く、マンゴーにもいろんな種類があります。お茶にももちろん合いますし、同じ台湾で採れるお茶とくだもので作るドライフルーツは、好相性です。私は棗を使ったお菓子が好きで、お店にあるとつい注文してしまいます。宮廷菓子を出すお店では生菓子が多く、餅菓子が豊富。棗餡を餅で巻いたものに桂花醬をかけたものや、緑豆やうぐいす豆の押菓子、緑豆の羊羹、杏と冬瓜を混ぜた餡やタロイモ餡を餅で巻いたものなど、迷ってしまうこと間違いなしです。台湾のお菓子は甘さの加減が素晴

らしいと思います。全体的に日本のお菓子より糖度は低く、上品で素材そのものの味や甘さに寄り添うものが多いのです。

街中に甘いもののお店がたくさんあるのもうれしいです。ケーキ屋さんや昔ながらのパン屋さん（パン屋はケーキ類や中華系のお菓子も取り扱っています）、中華系のお菓子屋にフルーツパーラー的なお店。豆花屋、かき氷屋、いもや豆が専門のデザートのお店に、餅が専門のお店。甘いもの好きは、どこから制覇していいか悩むところです。

台湾へ行くと、至るところにお茶をする場所があることに気づきます。茶藝館の数は多くないものの、何しろコーヒーショップやカフェが多い。永康街の先の方は、1区画に1軒の割合で、歩いても歩いてもカフェがあって、驚くほど。お茶好きということは、コミュニケーション好きでもあるのかなと感じます。いろんな年代の方が一緒にいるのもおもしろい。ある茶藝館では、近所の大学の学生と思われる男女7〜8人が、声もそれほど大きくなく、のどかにおしゃべりに興じていました。ほかには老年の御夫婦らしき方や、楽しそうにお話ししているご婦人方、私たちのような旅行者。いろんな世代の方が思い思いにお茶とお菓子を囲み、おしゃべりしたり、のんびりしたり。その中にいるのは、とても心地が良いものです。台湾でお茶をすると、異国であるにもかかわらず気持ちがほどけ、大らかな時間の流れに身をまかせて、何時間もゆったりとしてしまいます。

台湾の食文化

台湾は多くの山岳部と海に囲まれた肥沃な土地で、農産物、海産物ともに、恵まれた環境にあります。中国・福建省からの移民の人々が持ち込んだ料理をベースに、福州料理、潮州料理、客家料理、広東料理などの影響も受けつつ、もともとの先住民の食文化、西洋や日本からの影響もやわらかく受け止めて、今の台湾食の多彩で多面的な魅力を構成していると思います。大きな街である台北では中国八大料理もほぼ網羅されていて、その密集度に驚きます。台湾各地方にも郷土料理や名産があり、薬膳料理や、台湾素食という禅宗からきた精進料理も多く、そのときの体調に合わせて選ぶこともできます。夜は夜とて、「小吃」と呼ばれる台湾郷土の名物や伝統的な屋台の食べものがひしめく夜市が、街角で開かれます。1日4食というのが当たり前の台湾。選択肢が多く、毎日の食事の喜びにはこと欠きません。台湾料理に触

れてみると、素材を大事にし、「その素材自体の輪郭を、明確にする料理法」ではないかと感じます。特に海産物は、日本人にとっても親しみやすい、シンプルな料理法が多いと思います。味つけで特徴的に感じるのは、塩の塩梅が素晴らしいことです。日本で中華料理の外食というと、印象として塩分が強めに感じるところが多いと思うのですが、台湾では、塩辛いとされる客家料理は別にして、どこの料理もしょっぱいということはないように感じます。しょうゆ色が濃く、旨味が強い料理でさえ、塩味の濃さや強さは感じられず、スープに至っては、シンプルで淡白で、本当に上品にまとめられています。

食事風景もなごやかで大らかで、生命力に満ち溢れていて、その力を分けてもらっていると感じます。台湾初心者の頃、よく分からず、ふたりで果敢に北京ダックの夕飯をとったときのこと。北京ダック1羽にそのダックを使った料理3品と小菜を少しだけ注文し、完全に負け戦をしていたのですが、その隣のご年配3人の食卓では、明らかに私たちよりも多い料理がテーブルに並び、にこやかに召し上がっていた姿には、思わず尊敬の目線を送ってしまいました。朝ごはん屋さんで多くの人がいつものように食べ、各々の時間を過ごし、それぞれの場所に戻っていくさま。昼はレストランや街角の食堂で、ランチタイム時間の切羽詰まった感もなく昼ごはんを楽しみ、午後にはお茶とおしゃべりに興じる。夜には大事な人とごはんを食べ、それからさらに夜市やカフェに出かけ、夜の時間を楽しむのです。自分自身の時間と食を大らかに楽しむ、そういう場面に遭遇するたびに、「それでいいのだ」と肯定されるような気がして、体の気も緩んでいくのです。

くだものの おいしさと 楽しみ

南国で雨量も多い台湾は、くだものがおいしい場所です。果実を使ったデザートのお店に、フルーツパーラーにジュース屋さん。くだものを楽しむにはもってこいの地であり、選択肢も多様です。

まずはくだもの屋さんで、カットフルーツを。ホテルには冷蔵庫がついていますし、大概お皿とナイフも借りられるので丸ごとでも大丈夫。ライチひとつとっても種類がいろいろとあり、違う種類を買って友人と分けたり、めずらしいレンブや生のグアバ、スターフルーツに挑戦したり、なじみのあるパイナップルやバナナも特別においしく感じられます。手軽に楽しめるジュースは、ジューススタンドやジュース専

門店にジュースチェーン店。フルーツパーラーのようなお店もあります。その場で皮をむき、ジューサーにかけてくれますが、暑く湿度の高い時期には、本当に体にしみ渡るおいしさです。お店によってはいろんなくだものの組み合わせもあって、選ぶ楽しさも。私が特に好きなのは、すいかジュース。東京ではあまり見かけることはないし、家で作ったりもしますが、あの暑さの中で飲む、甘さと瑞々しさには勝てそうもなく、台湾に行く楽しみのひとつになっています。特にくだもの屋さんやフルーツパーラーで作ってもらうすいかジュースは、甘さと味の濃縮度が違うというか、特別においしく感じられます。台南で飲んだ、その時期旬だった紅文旦のジュースも忘れられません。九州出身なので、文旦などの柑橘類は好物ですが、紅文旦は初めてでした。白い文旦よりも甘みが少し華やかで、苦みも薄く、ジュースの色も薄いピンクでとてもきれいでした。友人が紅文旦ジュースを飲んでいるときの写真があるのですが、目を大きく見開いていて、「おいしい！」という感動がよく伝わってきます。

初めて台湾へ行く際、必ず食べたいもののひとつに「マンゴーかき氷」がありました。皮の赤い大きな種類のマンゴーが山盛りのったかき氷は、マンゴー好きとしては、絶対に食べなくてはならないものでした。想像、空想で味を予想していたものの、実際のマンゴーかき氷はそれをはるかに超えたもので、熟したくだものの力とそれを余すことなく楽しもうという味の構成に驚いてしまいました。氷も電動ではありますが、ふわふわに削られて口どけがよく、ねっとりとしたくだものとの相性は最高です。かき氷専門店が多くある台湾では、マンゴーだけではなく、いろんな季節のくだものや、いもや豆や餅をのせ、シロップもそれぞれ趣向が凝らされています。そんなかき氷を暑いところで食べることのおいしさを教えてもらいました。台南で入った、老舗のくだもの屋さんでは、氷の上にいろんな種類のくだものが並び、さらにその上から、いろんな煮たお豆がざーっとかけられていました。この組み合わせが選んだものではなく、「あるもの」として運ばれたときに、うれしさがこみあげました。台湾らしいとは、このこと。もちろんとびきりのおいしさです。大きな廟の前にあるそのお店は扉がなく、湿度と気温の高い風の中で食べる、冷たい氷とくだものと煮豆のかき氷。その土地の気候に合った、デザートの楽しみ方です。

公園や
街歩きの楽しさ

暑い時期は難しいですが、気候のよい時期には散歩をしながら街を移動します。大きな通りの歩道や道の中央は緑道のようになっており、そこには南国特有の植物が植えられ、緑が濃く、見るたびに好きだなあと思う風景です。うねっているような柳っぽい木に、葉の緑が濃いクチナシ、群生している姿も南方らしく、花をつけているものもあり、色もはっきりとしていて美しい。台北は交通量も多く、空気がきれいとは言えませんが、街歩きで必ず目に入る、この緑に安堵します。好きな廟やお寺の横、街歩きに楽しいエリアの一角には公園があり、ひと休みしている台湾の人たちにまぎれて、ホッとひと息つきます。ご友人同士で話しているご年配の方々。のんびりと横になっている犬や、小さい子と一緒に遊んでいるお父さん。何てことのないひと息ですが、呼吸も整ってくるように思われます。路地に入ると、小さな家々の窓辺や軒下には、鉢に緑が施され、そこは日本の住宅街と似ているようですが、植物の種類の違いにハッとさせられます。高層建物も多い台北ですが、ビルの向こうには南国らしい青い空と緑。この街らしさを感じます。中正紀念堂や国父記念館のまわりは植栽が見事で、そこを通るだけでも楽しくなります。大陸文化らしい、スケールの大きな建物に驚きながら観光をし、あとは緑の多いベンチに座り、ひと休み。何しろ、慌てなくてもいい空気に包まれているし、人口も東京とは比べものにならないので、人ごみに酔うということもありません。

台北には、中心街から台北MRTとロープウェーに乗り、40分くらいで行けるところに、山の中で深呼吸できる場所があります。猫空と名付けられたその場所は、木柵鉄観音の茶葉が採れる地域。多くの茶葉農家があり、茶藝館も点在しています。20分ほどあるロープウェーは、緑深い山を飛び越えていきます。鶏が遊ぶ畑や、山々に沿って建つ廟や寺も見受けられますが、ほとんどが緑濃い山々。街中とはまったく別の空間が、こんなに近くにあることに驚きます。駅に到着し、ロープウェーの扉が開いた瞬間、「あっ、空気が全然違う！」と感じます。気温も山の上なので高すぎず、気持ちのよい風に吹かれます。お目当ての茶藝館を探しつつ山道を歩くのも楽しいひととき。そのあとに待っている絶景が望める茶藝館でのゆったりとした時間が、よりうれしく感じられると思います。街中で見る緑と、少しだけ足をのばせば楽しめる山の緑。どちらも好きな台北の風景です。

人々のやさしさ

出産後、子どもと初めて行く外国は、台湾と勝手に決めていました。距離的にも近いし、食べ物もおいしく、行き慣れた土地であり。でももっとも大きな理由は、台湾の方々のやさしさだったかもしれません。予想はありがたいことに的中し、いつも親切な台湾の人々ですが、子ども連れともなると、それは輪をかけてやさしく接していただきました。レストランでは食べたいものが多すぎて、つい娘の存在を忘れて、大人好みの料理を立て続けに注文する私に、「子どもが食べるには辛いし、これなら食べられるからこっちは？」「ごはんも必要だから、こっちの炒飯をひとつ頼んだら」と助言されてしまう始末。その女性店主の方は、娘が目を大きくし勇ましく食べる姿を、ニコニコと眺めてくれました。また、朝ごはんのお店では、隣の女の子たちが、娘と一緒に写真を撮りたいと日本語で話してきてくれたり、買い物に入ったスーパーでは小さい娘に「日本から来たの？　これどうぞ！」とお菓子のプレゼントまで。

いつも必ず行く食料品のセレクトショップでのこと。子どもがいるので、友人と代わる代わる娘を見ながら買い物をしていました。ほかにもお客さまがいたし、娘も飽きてしまうので、外に出たり、お店に入ったりしていました。そのとき、お店にいらっしゃった台湾の方に、友人が声を掛けられたそうです。日本語の堪能なご婦人が「あの子は、あなたの子どもなの？」「いえ、友人の子どもで一緒に旅行中なんですよ」「あらそう。あの子はとてもしあわせそうね。だから、見ていて、うれしいです」。友人は、私たちが旅に出る前に話していた胸の内を、その方に伝えてくれました。「東日本大震災で、台湾の方々が本当にたくさんの寄付をしてくれました。私自身は被災した人間ではないけれど、多くの日本人が台湾の方々に深く感謝しています。本当にありがとうございます」。するとご婦人は、「そんなことを言われるとどう答えていいか分かりません。ただ、台湾と日本は昔から、とてもいい友人でした。かつて台湾で地震が起こったときも日本の方々がたくさん助けてくれました。私たちは、そのことを忘れていません」と言ってくださったのでした。何か機会があったら伝えたいと話していた御礼の気持ちを、友人が伝えてくれたのです。こういうやさしさが常にあり、旅行者である私たちに、思いやりの心で接してくれる台湾に、感謝の気持ちでいっぱいです。

おわりに

この本を刊行して13年経ちました。
台湾へ旅するようになってから20年以上経ち、何回訪問しているのかもう数えていません。2歳から台湾に通っている子供も春には高校生になります。

私は今も相も変わらず台湾へと出向き街角を散策しています。
2023年に久々に台北へ行けることになり、飛行機の窓から見える湿度高く緑深い山々が見えた時には、最初の訪問同様、熟した憧憬の気持を思い出すと共にまた来る事ができたという思いで高揚したまま台北へと降り立ちました。
久々の台湾は変わらずそこにありました。ぬるい湯の中を泳ぐような夏の台北で、台湾の醍醐味とも言える夏の果実の素晴らしさに感嘆し、いつもの店の蒸されたスープや熱々の包まれた様々なものを思う存分堪能する。八角の香る煮込みにカリッと揚げられた豚肉。とろりとした鹹豆漿に再会できた喜びに歓喜し、焼き立ての焼餅、蛋餅に身を捩り、午後には茶芸館で茶の湯気を眺め時間の経過を楽しみます。その都度出会う美味しさに心躍らせました。

私のこの本の料理達も変わらずここにあります。
その時に思っていた気持ちのまま、その時に作っていた料理達のままお届けする事になりました。
今ももちろん作り続けている料理もありますし、その時の気持ちの料理もあります。
なるだけ日本の調味料で作りやすく、日常の食卓に寄り添えるように作りました。
台湾で見かけるそのままの料理というよりも、食卓に台湾の風がするりと通り抜けていくような料理達です。
いつもの日常に1品足してみて下さい。
南方の街角を思い出す風が吹くと思います。
その風を感じ取った暁には、南方の麗しい島へと旅をしてみて下さい。

13年前に集まってこのように本を一緒に作って下さったスタッフの皆様に感謝申し上げます。
ここにきて再版したいと申し出て下さった編集者の方に感謝申し上げます。

幾度となく申し上げておりますが、
これからも、おいしくて緑多くやさしい人たちの住む麗しき島に、多くの方が心奪われますように。

内田真美

料理・スタイリング　内田真美（うちだまみ）

料理研究家。長崎の海のそばで育つ。雑誌、書籍、広告などで活動している。
台湾の食と土地柄に魅せられ続けている。
著書に『私的台湾食記帖』『私的台北好味帖』『私の家庭菓子』（ともにアノニ
マ・スタジオ）、『内田真美の日々スープ　くりかえし作るうちの定番をまと
めて』（KADOKAWA）などがある。
Instagram @_mamiuchida_

デザイン
渡部浩美

写真
馬場わかな
内田真美（P97-111）

構成・編集・取材
田中のり子

調理協力
村上みゆき

台湾語翻訳（レシピ名）
台湾トランス

器協力
in-kyo
福島県田村郡三春町中町9
https://in-kyo.net/

新版 うちで食べる台湾式ごはん
いつもの食卓によりそうやさしい家庭料理

2025年2月28日　　初版第1刷発行

著者　　内田真美
発行者　角竹輝紀
発行所　株式会社マイナビ出版
　　　　〒101-0003　東京都千代田区一ツ橋2-6-3一ツ橋ビル2F
　　　　☎ 0480-38-6872（注文専用ダイヤル）
　　　　☎ 03-3556-2731（販売部）
　　　　☎ 03-3556-2735（編集部）
　　　　MAIL　pc-books@mynavi.jp
　　　　URL　https://book.mynavi.jp

印刷・製本　シナノ印刷株式会社